魔法の行動術

知識なし
金なし
コネなしで
夢を叶える

柳田依璃 著

セルバ出版

はじめに

こんな私でも起業家になれた！　知識なし、金なし、コネなしで起業をして17年が経ちました。現在福岡の地でエステサロンを5店舗経営しています。

昨年２０１９年には世界的な経済誌であるフォーブス社のウーマンアワード（３００名未満の企業の部）にて準グランプリを受賞することができました。

経営者になり、賞をいただくことになるなど、昔の私からは想像もつかないことです。

起業をしたのは25歳のときです。それまでの私は、引っ込み思案で、人見知り。何かを主張することもなければ、協調性もない。なんとなく仕事をして、夢や目標もなく、ふわふわと毎日を過ごしていました。おそらく誰がどう見ても、起業をしてはいけないタイプに当てはまっていたと思います。

そんな私でも小さい会社ながらも、17年経営を続けてこられました。おかげさまで、「どうやったら店舗を増やすことができますか?」「成功の秘訣はなんですか?」と尋ねていただくことも増えました。

今までを振り返ってみて、「あのとき、これをこうしたから上手くいったな」と思うことはありますが、そもそも夢も目標もなく、計画すら持っていなかったので、私が考えたことや計画を立ててみたことはことごとく失敗ばかりでした。失敗をして慌ててなんとか挽回しようと頑張るの繰り返しで、少しずつ形成できてきたことばかりです。

ですので、このようなビジネス書を執筆するようなデキる経営者ではそもそもありません。起業をして、取引メーカーの倒産。訴訟問題。スタッフの一斉退職。数千万円に及ぶ損害など、経営者として、未熟さゆえに起きてしまう試練も多々ありました。ですが、ないないづくしの私が「たくさん失敗をしても、事業を継続できている理由は何か？」と問われると、「逃げずに諦めずに目の前のことをやり続ける」ことに他なりません。

やり続ける中で、縁と運とタイミングで時々チャンスが巡ってくるのです。

ビジネス書の中でも起業に関する実用書は多くあります。起業の仕方。準備方法。経理に財務、集客マーケティングなど教科書のように学んで実践できる良書です。

一方、私が本書で書いていることは、起業をしてからの17年間の実際の経験と失敗。そこにどう向き合ったのか。そしてその結果、失敗に終わったこともあれば、成果へ転じることができたことなどを包み隠さず女性の起業家として書きました。今振り返れば、そのとき失敗だったと思っていても、その後にその経験が活きてくることもあり、災い転じて福となすことも少なくありません。

折しも2020年、誰もが予想していなかったコロナ禍に世界が混乱しています。経済においても逆風にさらされています。弊社でも売上は3分の1以下、無借金経営から大きな借り入れをしてリスクを取ることとなりました。

どんなに計画を立てていても、最善を尽くしてもそのとおりに上手くいかないことがあって当たり前です。ですが、この逆境によって負けてしまうのか、数年後にあの2020年があったから今がある、と言えるのかは自分次第です。

本書を読んでいただき、こんなに無謀でバカな人間でも起業家になれるんだ！　と笑ってもらい、起業を目指す方への少しでものの応援になれば幸いです。

2020年7月

柳田依璃

知識なし金なしコネなしで夢を叶える魔法の行動術　目次

第2章　不格好でも一生懸命に、お客様目線を大切にしよう

第3章　数々の困難、絶対逃げない私になろう!

第4章　経営者がビジョンを語ると人が育つ理由

第5章　小さなご縁を大切にすると色々なことがうまくいく

第7章　関わるすべての女性を人生のヒロインへ

1　エステという美しい仕事を通じて女性を輝かせよう

2　成長戦略とは何かを考える…160

第8章　女性経営者のこころの品格と女性の生き方

第1章

セルフメイドウーマン
自ら道を切り拓き輝く女性へ

1　こんな私でも起業家になれた！

貧乏だった幼少期

25歳で起業し、２０２０年、41歳となり、サロンは17年目を迎えることができました。起業した25歳のときには、こんなに長くサロンを続けることになるなんて思ってもいませんでした。なぜならば私にとって、サロン開業はお見合いから逃れるための苦し紛れの策だったからです。お見合いから逃れるための苦し紛れの策というのは、正真正銘の事実です。

私は福岡生まれ、福岡育ちで現在も福岡でエステサロンを経営しています。

幼いときの我が家は超がつくほど貧乏で父と母、そして兄が２人、姉が４人の大家族。末っ子の私が生まれたときは、貧乏真っ只中で母は食べるものさえままならなかったそうです。狭い借家に家族９人で所狭しと暮らしていたのも、今となってはよい思い出です。

小さな頃の思い出は、春になると家の裏の土手につくしやせり、ふきのとうなど食料となるものを採りにいくのですが、お散歩感覚で春のそよ風を感じながらというものではなく、我が家は明日、生きるか死ぬかの食料危機でしたので、麻の袋いっぱいにこれでもかとつくしを詰めて持って帰り、家ではひたすらつくしの袴をとって手を真っ黒にしていた幼少期でした。

夏になると潮干狩りや魚釣り、一般的には家族の楽しいレジャーとなることも我が家では生き抜くためのサバイバル！　スーパーのかごくらいの大きさの入れ物を1人1つ持たされ、いざ出陣！とばかりにあさりを採りました。また小さな魚を釣ってもお腹は満たされないため、雷魚（淡水魚で大きさは10キロを超える）を空気銃で仕留めて、9人家族のお腹を満たしながらの生活でした。なかなかこんな生活力のある家族も珍しいでしょう。

生まれながらに貧乏だった私はその生活が普通だったけれど、お人好しの父が保証人になって負債を負ったことで、それまで裕福に暮らしてきた母や姉たちはどんなに辛かっただろうと思います。当時500坪ほどあった自宅には差し押さえの紙が貼られ、家も会社もすべて失ってしまったそうです。その後、父は事業を再興させ、私が中学生になる頃には貧乏生活ともおさらばすることができました。

そんな父は、大変パワフルな人で建設業を営んでいたこともあり、やくざ顔負けの恐い恐い父親でした。口答えなどもってのほかで、もしも口答えしようものなら手加減なしのゲンコツが飛んできます。

父の座っている背後を通ってはいけない。ご飯も父が箸をつけてから、次は兄、その後に全員がお箸を手に取ります。入浴も一番風呂は必ず父から。すごく貧乏でしたが、父の食事は1品必ず多くありました。

ここまでの説明でおわかりのように、我が家は男尊女卑で封建的な昭和の古き香りが色濃く残る家庭でした（笑）。

お見合いなんてしたくない!

さて、ここからが本題なのですが、そんな昭和的家族の我が家の姉4人は父の決めたお見合いで結婚します。

幼いながらも不思議でした。どうして結婚相手を親が決めるのか?

自分で決めてもいいのに……というかみんな恋愛で好きな人と結婚しているのに!?

まさかうちだけ明治時代にでもタイムスリップした?

お見合いだからダメということではありません! 世の中にはお見合いをして、結婚をして幸せに過ごしている人もいっぱいいいます。

そうではなく、望んでいないのにお見合い結婚しなければいけないことが、私には不思議で嫌で嫌で仕方なかったのです。

父がお見合い結婚を娘たちに課していたのには1つ理由がありました。

父は大韓民国に生まれ育ち、朝鮮戦争を経験しています。

そのときに左腕を銃で撃たれて負傷し、治療のために日本にいる叔母を頼って、日本に来た在日韓国人一世です(父の腕には銃創があり、子どもの頃は指でぐりぐり押して遊んでいた記憶があります)。また母は生まれ育ちも日本ですが、在日韓国人二世です

今でこそ韓国料理、韓国ドラマ、韓国コスメなど韓国の文化が日本でも愛されるようになりましたが、両親が若かった60年、70年前はまだまだ終戦後すぐでしたし、姉たちが20代の頃、およそ40

年前でも在日韓国人は同胞の人と結婚するという暗黙のルールが根強く残っていたようです。

７人兄弟の末っ子で歳が離れて生まれた私には、本質的に理解し納得することは難しかったです。

それを受け入れるよりも、静かなる反発のほうが大きかったのかな？　と今振り返ると思います。

恐怖のお見合いが迫ってくる

さて、そんな私も20歳を迎え、いよいよお見合い話がやってきます！

相手は名古屋のパチンコ屋さんだったり、大阪の焼肉屋さんだったり、不動産屋さんだったりと色々な方がいましたが、25歳まではなんとかお見合いを回避すべく逃げ回ってました。

しかしある日、父に呼ばれ、「25歳のうちにお見合いをしないなら、無理やりにでも結婚させる！」と包丁片手に最後通告を出されます（ホントの話ですよ！　笑）。

ああ、これはそろそろ本当にヤバい。

私、本当に結婚させられる！　と思いました。

自ら道を切り開く人生を！

現在、私の会社の理念は「すべての女性を人生のヒロイン（主役）に」

そして、女性の活躍と自立を応援する会社であることを掲げています。

この自立の概念は25歳のときに、「お見合いなんてしたくないし、自分の人生は自分で決める。

私は私自身で幸せにする」と思ったことが原点になっていると思います。

さて、その後このお見合いの危機から逃れるために私が思いついたのは、親から勘当されても生きていけるようにお金を稼ぐこと。そして、とにかく結婚しないためのお題目が必要だ！　という発想から、自分で起業をするという結論に至ったのです。

今考えると、思考回路もよくわからないし、「無謀すぎなんじゃない？」と思うのですが、「無知こそ無敵！」という言葉もあるように、ここから私の無謀ともいえる起業がスタートしました！

2　起業家への道

自立への一歩

さて、「お見合いから逃れるために起業して自立する！」と決意はしたものの、何の業種でどんなことを仕事にするのかは全く決まっていません。

当時、化粧品会社勤務を辞めて、親の会社の事務（という名のいつでもお見合いができる状態）をしていた私は毎日お昼に起きて、母がつくってくれたごはんを食べて、ファッション誌を見るのが日課でした。JJやcancan、viviなどを隅から隅まで見て、流行りの神戸ファッションや巻き髪を真似して、夕方になると友達と飲みに行ったり、買い物に行ったり。遊んで暮らしながら、心の中ではお見合いまでのタイムリミットに焦りながら、何から始めればいいのかわからずにいました。

あるとき、いつものようにJJを見ていると、全身脱毛16万円の広告を見つけます。

「えー　全身脱毛が1年間通えて16万円！　安い！」

起業することなど忘れて、自分が全身脱毛をしたくて、すぐに予約の電話をしました。

予約日に脱毛サロンに行ってみると、博多駅前の雑居ビルの一室で、私の想像していたエステサロンとは様子が違います。大学生の頃からエステに興味津々で大手エステサロンに通っていた私は、エステと言えば、豪華な内装で大理石の床、キラキラのシャンデリア、制服に身を包み、夜会巻きで、できる感じのエステティシャンを想像していたのですが、そこはこじんまりとした店内。豪華なインテリアもありません。出迎えてくれたお姉さんは、可愛らしいエプロンをして優しい接客です。

「16万円って書いてあったけど、なんだかんだ裏があるに違いない」、「きっと１００万円くらいはかかるよね。強引にローンとか組まされちゃったりするんだよね」と私は内心思いながら、脱毛のお試しを受けていました。脱毛は痛みもなく快適。これで全身つるつるになるなら、１００万円でも安いくらいです。実際いくらなんだろう……と思いながら、脱毛のお試しも終わり、いよいよクロージングの時間になりました。

「いかがでしたか。痛みもなく大丈夫だったでしょう。もし本当に脱毛をしたくなったら、１年間で16万円になりますので、また連絡してくださいね」

えっ！　まさか終わり？　クロージングこれで終わり？

当時はまだまだ脱毛は大変高価で脇だけでも30万円。

全身を行うと、300万円くらいかかっていた時代でした。

それが、まさかの本当に16万円ぽっきりのリーズナブルなサービス！　店内はところ狭しとベットが置かれていてお客様でいっぱいでした。こんな簡単な内装のサロン（ごめんなさい）でもいいんだ、と私は自分にもできそうだと思いました。

根拠のない自信

「私、これならできるかも！　いや、できる‼」と根拠のない自信を持ち、家に帰ってすぐにJJを引っ張り出して、脱毛サロンの本部に電話をしました。「今日、福岡のお店に脱毛をしにいき、1年間の契約をしました！　そして私も脱毛サロンをやってみたいので、脱毛機を買うことはできますか？」と伝え、1週間後には親友に付き添ってもらい、東京銀座にある脱毛メーカーへ話を聞きに行きました。

余談ですが、私がサロンを始めるきっかけになった博多の脱毛サロンの女性社長と数年前に偶然にも一緒に食事をする機会に恵まれました。「お客さんで通っていたのに、真似ごとをしてご挨拶もせずに申し訳ありませんでした」とお話をしたのですが、「真似したいといってきた人はいっぱいいいた。けど実際に行動した人は私の知る限り柳田さん1人だったよ。これからも頑張ってね」とありがたい言葉をいただきました。

そしてもう1つ、17年前にその脱毛サロンにはじめて行ったときにサロンの責任者をしていたエステのお姉さん。縁あって昨年弊社に入社をし、現在は創業の地であるエクリュ筑紫野店にて店長としてサロンを担ってくれています。なんだかすごいご縁だと思いませんか？　あのとき脱毛サロンに行ってなければ、その後お見合いをして違う人生を歩んでいたかもしれません。

起業前にできることならば顧客体験を！

私は意図せず、お客として脱毛サロンに行き、「これならできる！」「これをやりたい！」と思って起業することとなりました。知らず知らずのうちに脱毛サロンのメニューや価格、接客や説明、サロンの雰囲気などがお客様目線として、いいサロンだなと思ったからに他なりません。

起業をするときに今まで経験してきたことや自信のある分野で起業を考えている方も多いと思います。当然、知識や販売法なども長けていると思います。ですが、長けているからこそ売り手目線になり、買い手のお客様感覚とずれが生じてしまうこともあります。

「以前、勤めていたときはこのやり方で大丈夫だったんだけど、いざ起業すると全然うまくいかない」ということも。会社規模や仕組み、ターゲットとするお客様層、地域性など、勤めていたときと自分で起業をするときとは勝手が違います。例えば、エステサロンをすると決めたら、実際に自分がお客様として、いくつかのサロンに定期的に通ってみることをおすすめします。

お客様として心地よいと感じること、不快だと思うことなど、お客様感覚を身につけておくと、実際に起業したときに役立つこと間違いなしです。

融資を受ける！

さて、無事に東京へ行き脱毛サロンのフランチャイズの話を聞いた私は、その場で脱毛機購入の契約をします。脱毛機の金額はおよそ３５０万円。意気揚々と福岡に帰り、通帳を確認してみると、そこにあった金額は３００万円。

なにかがおかしい。50万円足りない。我に返りました。どこをどうやっても50万円足りないじゃん！　しかもサロンをオープンするにはテナントを借りたりしないといけない。ベットもいる。どうしよう!!

困った私は母に相談をしました。

「お母さん、私、エステサロンをしようと思うんよ。でもお金が足りないんよ」

このとき私は、もしかしたらお母さんが足りない分を貸してくれるかも？　と淡い期待をしていたのですが、「お母さんは知らないよ。お金が足りないんだったら国金（国金＝国民生活金融公庫。現在の日本政策金融公庫）に行ってお金を借りてはじめなさい」と母は言いました。

今思い返すと、「母、すごいな！」と思います。25歳の娘が勝手に東京に行き、３５０万円の売買契約に印を押してきてサロンをすると言い出し、そのあげくお金がなくて貸してほしそうにしている。普通は根掘り葉掘り聞くと思うのですが、「お母さん知らないよ、国金に行きなさい」と一言のみ。「どうせ挫折するだろうと思っていたのかな？」と思い、先日、母にそのときのことを聞いてみたら全く覚えてませんでした（笑）。

金融機関はここを見ている！

さっそく母に言われたとおり、国金へ融資の相談に行きました。

「脱毛サロンをしたいと思ってます。でも、資金が足りないのでお金を貸してほしいんです」。担当者からは「おおよそ月商はどのくらいを目標にしていますか？　集客は？　１人あたりの単価は？　テナントの契約は？」などたくさんの質問がありました。

月商って？　単価って？　集客？　考えてなかった。「テナント！　それだけは今探していま す！」みたいなやりとりを行いました。そのときの担当者も哀れに思ったのか、事業計画の立て方をそれはもう親身になって教えてくれました。

計10回近く国金に通って計画書を仕上げました。

３３０万円が口座に着金されたときに、飛び上がって喜んだことを覚えています。

日本政策金融公庫の創業支援融資を受けるためには、いくつかのポイントがあります。必要な資金をすべて融資してもらうことはまずできませんので、必要資金の3分の1から2分の1程度の自己資金は準備をしておきましょう。通帳もチェックされます！

金融機関はお金を貸して、それに利子をつけて返済をしてもらうことで成り立っています。

ですから、貸すかどうかを判断するには、返せるかどうかを見ています。

- 売上と経費の計画が妥当かどうか。
- 万が一返済できなくなったときに補填できる資産があるか（担保）。

・人間性の部分で約束が守れそうか。
・責任感がありそうか。
・その職種に対しての経歴など。

そう考えると、当時何も知らない無知な25歳の私がお金を借りれたのは、親身に誠実に向き合ってくれた融資担当者のおかげです。

起業にはどんな費用がかかる?

自己資金300万円。借入金330万円の計630万円を手にした私は、その大金にホクホクしながら早速脱毛器を購入しました。テナントも新築ビルの15坪ほどの物件を借りることができました。「わーい! 新築だ!」と喜び、ここにカーペットを敷いて、ここにベットを置こう! などと夢見心地です。その後、内装業者さんと打ち合わせをして後日、見積りをもらうこととなりました。当時パソコンも持っておらず、スマートフォンもまだない時代です。

実家のFAXの前で今か今かと見積もりを待ち、ようやく流れてきた用紙に44と見えました。「44万円かー。まぁ、44万円なら大丈夫そう! まだ200万円くらい資金あるしね!」と思ったのもつかのま、なんと44万円と思った金額は440万円。時が止まり、嫌な脂汗が出てきたのを覚えています。

「全然資金、足りないし! 詐欺じゃない?」などお金のことで頭がいっぱいになりました。

今となれば、自分の無知さに呆れる話ですが、新築テナントで借りているので、コンクリートの打ちっぱなし。いわゆるスケルトンの状態です。何もない状態から床をつくったり、壁をつくったり、水周りをつくったりしなければいけないということです。

コンクリートに直接カーペット敷いたり、ホームセンターで壁紙を買って貼れば完成！　と思っていた私は究極のおばかさんだったわけです。

まだエステベットも、ソファもテーブルも、電気機器も広告費も必要なのに、手持ちの２００万を使うことはできません。そもそも２００万円では足りないわけです。

お金は計画的に！

困り果てた私は再度母親に相談します。

「おかあさん、やっぱりこうでこうで、お金足りん……どうしよう」

「開業しようとする人間が、そんなことで泣きついてきてどうすると。本気でやりたいなら、消費者金融でもどこでも行ってからお金借りてこんね」

「でも消費者金融って悪いとこやないと？　利息が高いっていうやん」

「利息が高くても自分が給料取らんで、さっさと返したらいいことやろ。そんな覚悟もないら諦めり。お母さんは知らんよ」

と言われ、そうだった！　私はお見合い結婚やらせんもん（しないもんの意）！　自分の好きな人と結婚するためにも自分で開業せんといかん！　とその足で消費者金融を数社回り、ぴったり440万円を借りてサロンの内装費を賄うことができました。

余談ですが、数年後にこのときの話を母にしたのですが、母はこの会話も覚えてなかったです（笑）。

その後、数か月ほどで消費者金融に借りた440万円は売上から完済することができましたが、消費者金融からお金を借りるやり方はみなさんにはおすすめできません（笑）。

情報は事前にリサーチする習慣を！

今はたくさんの情報がスマホ1台でキャッチできる時代です。

お店を開くにはいくらくらいかかるの？

開業してからの毎月の運転資金はどのくらい？

インターネットで開業資金や内装費などで検索してみると、たくさんの情報がありますので、事前に調べる癖をつけておきましょう。

また、開業をして間もなく売上が思ったように伸びなかったり、予想外の出費もあったりするものです。売上が仮にゼロだったとしても、半年ほどの運転資金を準備しておくことがおすすめです。

国や金融機関が実施している起業についてのセミナーや勉強会もありますので、参加してみるのも1つでしょう。

ですが、100パーセントの準備をしている間に時代は移り変わってしまうかもしれません。6

割、７割準備ができたら走り出すくらいの気持ちと覚悟が大切だと思います。

スピードの速い世の中です。走りながら残りの３割、４割のことは考え準備、実行しましょう。

私の場合は脱毛メーカーに電話をしたのが12月。サロンオープンは翌年の６月でしたのでおよそ半年が準備期間でした。

起業の準備期間はどれくらい？

私の場合はエステサロンをする！　と思い立ってからサロンオープンまで約半年でした。

通常は〇〇をする！　とやる事業を決めたら、３か月から長くても1年くらいが目安だと思います。ただ、「起業をする！」と準備期間に入る前に、いくつか必ずやっておきたいことがあります。

事業資金を貯めておこう！

起業の際、どんな事業であっても少なからずお金は必要になります。更に毎月一定額をこつこつ口座に入金し、記帳をしていくことが重要です。なぜなら、金融機関に創業融資の相談をする際には、口座に自己資金（自分で貯蓄したお金）があるかどうかを見られるからです。

目安は起業に必要な事業資金のうちの３分の１以上を自己資金として貯めておきましょう。

例えば、１０００万円の事業資金が必要であれば、約３５０万円以上は自己資金として貯めておく必要があります。また、通帳に毎月一定額が入金記帳されていれば、コツコツ貯めてきたことのアピールにもなり、金融機関への印象もよくなります。

競合他社のリサーチはしっかりと！

始めようとしている事業には当然ライバルがいます。多くの事業はもうすでにその道で成功を収めている同業者がいるものです。ライバルの商品価格や強み、ターゲットや実際の雰囲気なども含めＷＥＢサイトやＳＮＳ、できれば実際に足を運んでリサーチしてみましょう。

その上でこれから始める自社の商品の価格や強みなどを明確にしていきましょう。

事業計画書の作成

私のように、いざ、金融機関に融資の相談をする段階になって事業計画を立てても遅すぎます。自社の目的、目標、損益計画書に加え、同業者との差別化や強みを明確に打ち出しておく必要があります。また資金繰り（キャッシュフロー）は会社経営の中で非常に大切になってきます。

黒字経営でもキャッシュがなければ、事業を継続することができません。これらの事業計画をしっかりと立てた上で、本当に必要な事業資金を準備できるようにしましょう。

現在の仕事を辞めるタイミング

これが一番大切なことかもしれません。起業するにあたって、今までお世話になった会社に迷惑をかけることは一番やってはいけないことです。同業分野での起業であればなおさらです。

少なからず会社での経験や学びから得ていることがあるはずです。しかもお給料をいただきながら自分のスキルや経験に変えているのですから、会社や仲間、お客様への配慮や感謝を忘れてしまっては円満な退職が難しくなってしまいます。

また起業をすれば尚更、経営者としてこの人は信用できるのかを判断されます。「独立したい！起業したい！」が先行して、後ろ足で砂をかけるようなことがないように、起業のタイミングも計画しましょう。

しっかりと会社に貢献をして発つ鳥後を濁さすで円満に退職することで、会社時代の人脈を活かすことができたり、応援されたりすることもあります。起業をしてスタートダッシュをかけれるよう、人間関係を大切にしましょう。

スタートダッシュをかけるには？

起業をしてすぐに軌道に乗れる人となかなか軌道に乗ることができない人がいます。

起業してすぐに売上へつなげるには、最初から見込客をつくっておくことが大切です。

私の場合は、たまたま時代の流れに乗り、運がよかったことと、地域では初めての脱毛法だったので、最初からたくさんのお客様に恵まれましたが、現在ではなかなかそうはいきません。

何よりもたくさんお客様に来てもらう。そのためにも見込客の数こそが売上を決めるのです。

お客様を集めておこう！

あなたの商品やサービスに興味のある人が、あなたと連絡を取れるようにしておくことが大切です。そのため、ホームページ、チラシ、インスタグラム、FACEBOOK、ブログなどを利用して起業前から告知しておくこと（その際、連絡がとれるように整備しておくこと）を心がけましょう。

また、起業前であっても、週末などの休みを利用して体験会などを開催し、地域の方や商品に興味のある方に実際に手にとっていただいたり、体験してもらえたりする機会をつくっておきましょう（その際、勤めている会社には相談をして許可を得てください）。

起業前の様子をＳＮＳでアップしていくなど、お客様の期待値を上げる取組みもよいでしょう。

人と会う機会を増やしておこう！

友人知人にも起業をすることを報告しておきましょう。どんな目的や想いで起業をすることにしたのか、どんな人のお役に立てるのかなども素直に話しておきましょう。周りにあなたの商品、サービスにマッチする人がいれば、思い出して紹介の連絡をくれる方もいるかもしれません。実際に起業をしてスタートダッシュがかけられなくても、毎月の家賃や固定費、広告費などは支払わなければなりませんし、生活するお金も必要です。

手元のキャッシュが少なくなり、資金繰りが苦しくなってしまい、本来の事業に集中できなくなるようなことを避けるためにも、起業前からお客様を集めておく準備をしておきましょう！

第2章　不格好でも一生懸命に、お客様目線を大切にしよう

1　大切なことはお客様が教えてくれる

いよいよ個人サロンオーナーに

２００５年の６月にサロンを開業したのですが、運よく時流にマッチしていたこともあり、半年で５００名にも上る新規のお客様に来店していただけました。個人サロンに半年で５００人。これは奇跡的な数字です。

朝９時から真夜中までサロンにいる日が続き、お休みも取らず体力的には辛いこともありましたが、来店してくださるお客様がいることが本当にありがたくて、毎日が充実していました。少しの空き時間があれば、掃除道具片手に髪の毛一本も落とさないように掃除を懸命にしました。

脱毛の施術も、とにかくお客様の肌を大切にして、一生懸命真剣にやっていました。そんな中、通ってくださっているお客様が、「柳田さん、施術中にね、ＢＧＭが流れているといいと思うのよ。今度サロンに合う、ＣＤを持ってきてあげるね」と本当にＣＤを持ってきてくださいました。

別のお客様は「少し照明が明るいかも。よかったらこれ使わない？」と間接照明を持ってきてくださり、また別のお客様は「リラックス効果のあるアロマを焚いてみたら？」とアロマのセットをプレゼントしてくださいました。

実はエステサロンなのに、当時のサロンは蛍光灯で施術中もまぶしいくらいに明るくて、店内の香りには無頓着で、ＢＧＭさえ流れていない。お掃除や施術は一生懸命していても、お客様が心地よくエステを受けられる環境ではなかったのです。

金額に見合う価値を提供していますか？

お金を支払っていただいて、その金額に見合う価値を提供できていなければ、お客様は離れていきますし経営は上手くいきません。当時、ないないづくしのサロンであったにもかかわらず、お客様が心を尽くして教えてくれたことを本当にありがたく思います。

現在サロンを経営する中でも、お客様からお声をいただくことがあります。

ご指摘、ご意見をいただいたときの社員の受取り方も様々ですが、「自分は悪くない」という感情が先に出てくるのか、「最善を尽くせなかった」と今後どうあるべきかと思い、お客様の声を受け取れるのかではその後の成長が変わります。後者であれば成長していくこと間違いありませんが、「自分は悪くない。自分はかわいそう」の自分ファーストの人間では成長することはありません。

そして起業をすると、自分がトップですから、何をしても責任は自身に問われてきます。雇用されていれば、上司が指導、教育をしてくれて、ときには寄り添って話を聞いてくれることもありますが、自分がトップになれば、誰かが親切に教えてくれることはまずありません。そういった意味でも、売上は自身がやっていることが正しいかどうかのバロメーターの1つになります。

いつも通ってくださっていたお客様の来店が途絶える。いつもと表情が違う。なんとなく何か言いたそうにしている。お客様の動向に敏感であれば、きっと変化に気づくはずです。起業をしてお客様が増え、忙しくなると過信をしてしまいがちですが、いつでも初心を忘れず、いただいた金額に見合う価値あるものを提供していくことを心がけています。

脱毛器メーカーの倒産

起業して1年が経つ頃にはお客様も増え、1台の脱毛機では足りず、2台目の脱毛機を購入して毎日多くのお客様で賑わっていましたが、ある日驚きのニュースが飛び込んできました。

脱毛器メーカーが倒産したのです。そのことにより、その脱毛器を使うことができなくなってしまいました。2台で700万円程もした脱毛機は使えなくなり、1000人以上いる脱毛のお客様になんて説明したらいいのか。お客様はみんな毛をなくしたくて、コンプレックスを解消するために、綺麗になるためにうちを選んでくれたのに、うちも倒産してしまうわけにはいきません。

その後、違うメーカーの脱毛機を購入し、お客様には機械が変わるので、これまでとは施術方法が変わることを納得していただき、なんとかサロンを継続することができました。

新しい脱毛の脱毛機の費用は2台で1000万円以上。やっと、消費者金融にも完済をし、自分の給与も取れるようになったときに、更に1000万近い融資を銀行にお願いして購入。資金の面でも大変でしたが、そのとき一番困ったのは美容業界に1人も知り合いがいないということでした。

そして周りに起業をした友人知人もいません。

どのメーカーが信頼できるのか、結果効果の出る機器はどの機械なのか。経営の悩みを相談しあう仲間もいなければ、そもそも何が悩みなのかもよくわかっていませんでした。美容業界のことをもっと知りたかったけど、目の前にあるサロンの運営に忙しくしていて、業界の仲間ができるのはここからずっと後、６年程経ってからとなります。

この経験からもわかるように、起業時のメインとなる取引先、メーカー選びは大変重要です。

今はリサーチしやすい時代です。同じ商品を扱うにしても最低数社の比較検討を行い、万一、取引先が倒産したとしても、別の企業でも対応できるように、おおよその検討をつけてリスクヘッジしておくことが大切です。

また、現在では経営者の会や同業者の集まりなど、たくさんのコミュニティーがあり、情報交換をしたりビジネスに繋がったりすることもあります。また、同じ志や目的を持った、一生の仲間ができる可能性もあります。

起業したてのときは、知恵や経験を先輩経営者に教えてもらうことのほうが多くなると思います。そのときは教えてもらって当たり前ではなく、感謝と、今の自分に何かできることはないかのスタンスでいましょう。

目上の人が可愛がってくださったり、何かと引っ張り上げてくれたりする存在になっていただける場合も少なくありません。人として好かれたり可愛がられることも、経営者として大切なことです。

はじめての面接とスタッフ採用

サロンを開業をして半年ほどで1人では手が回らなくなり、スタッフのアルバイト募集を行いました。「1人か2人でも面接に来てくれたらいいなー！」と思っていたところ、次から次に面接希望の連絡があり20人以上の方に面接に来てもらえました。ところがいざ面接となると、何を聞いたらよいのかもわかりません。なにせ、はじめての面接官です。

たわいもない話をして、いつから働けるのか。「条件はこれだけど大丈夫？」くらいの簡単な面接だったと思います。およそ20名の面接者の中から3名を採用しました。面接をしていくと、みんな可愛くて、みんなよい子ばかりです。採用の基準もわからなかったので、顔が可愛いことを優先して決めました。さらに生活が厳しそうなことでも選んでいき、3人に絞りました。そしてその3人が働きだしてから、「あれ？　もしかして3人も必要あったかな？　なかったよね。1人で充分だったな……」ということに気づきました。

それもそのはず、ベットも脱毛機も2台しかないのです。私は毎日休みなくフル稼働できます。3人もスタッフにいてもらっても、してもらうことがありません。そもそも私は今まで上司にすらなったことがないのに、いきなり3人ものスタッフが増えて、オーナーと呼ばれてもどうしていいかさえわからないのです（笑）。

それでも一度スタッフとして雇用してしまった限り、「私が間違っていたので辞めてください」とは言えませんでした。

フェイシャルエステへの挑戦

そこでスタートしたのがお客様へのフェイシャルエステです。今までは脱毛専門サロンとしてやっていましたが、お客様が増えるにつれ、脱毛だけではなく、「フェイシャルエステもあったらいいのに！」の声を多くいただくようになっていました。

「よし！　３人のスタッフに仕事が行き渡るようにフェイシャルエステはじめてみよう！」

だけど、フェイシャルエステってどうやったらいいんだろう？

脱毛専門サロンで脱毛しか経験がない私には、エステのことは全くわかりません。美容専門学校で学んだこともなければ、皮膚構造の知識も化粧品の知識も何もありません。

当時、私は慢性の蕁麻疹に悩まされていました。高校生の頃、海外にホームステイに数か月行ったときに環境や食事の変化などにより、毎日身体中に蕁麻疹が出るようになりました。日中も寝ているときも、いつも顔や体のどこかに蕁麻疹が出ていて痒くて痒くて仕方がないのです。でも、掻くともっとかゆみが増してしまうし、掻きあとが残ってしまいます。日中どんなに掻くことを我慢していても、寝ているときに知らず知らず掻きむしってしまいます。

体はまだしも、顔をかきむしって跡が残ることは本当に嫌だったので、顔にはよくないとわかっていたけれど、ステロイドをずっと使っていました。15歳のときから10年が経ち、その間、病院でのアレルギー治療や、漢方を使った治療、あらゆるサプリメントも飲み、やっと25歳のときには重度の慢性蕁麻疹から軽度の慢性蕁麻疹くらいの状態に落ち着いていていました。

軽度と言っても、蕁麻疹はかなり辛いものです。半袖を着てカバンを腕にかけていると、カバンが当たっている部分がみみず腫れのようになります。少しの摩擦や寒暖差でもみみず腫れになるので、会う人会う人、「大丈夫？　大丈夫？」と心配されます。

10分くらい経つと、みみず腫れは自然と引いていくのですが、「大丈夫？」と心配させるのも嫌だったので、夏でも半袖ではなく、できるだけ長袖を着て肌が外気に触れないようにして生活をしていました。

ステロイド中毒を抜け出せたエステの力

ステロイドを顔に10年以上使っていると、ステロイドを断ち切ることは大変難しいと言われています。ステロイドを塗ると、嘘のように症状が改善されますが、塗るのを止めると、アトピーや慢性蕁麻疹の場合は元の状態に戻ってしまうことが多いからです。しかし、塗り続けると、副作用で皮膚の赤みや毛細血管の拡張、皮膚が薄くなったり、吹き出物がでやすくなったりと、ステロイドは止めても辛い。止めなくても辛い薬なのです。

ちょうどサロンを開業した頃、思い切ってステロイドを止めて、美容皮膚科でビタミンAを肌に導入する施術を受けていました。

脱毛サロンとはいえ、毎日たくさんのお客様にお会いするのに自分を綺麗にしておかないと失礼だと思ったからです。そして1年ほどクリニックに通い、ステロイドなしでも過ごせる状態へと改善することができました。10年悩んでいた肌が綺麗になり、毎日鏡に映る自分を見ることが楽しくなっていました。

そしていつしか、「サロンのお客様の中にも、ニキビや敏感肌で悩んでいるお客様がいる。そのお客様のお肌のお悩みを改善してあげたい！」と想うようになりました。更に、その施術は、商材と機械を使って行われており、ハンドを使ったテクニックはありません。

「エステの技術ができない私でもできる気がする！」と思い、フェイシャルメニューの第一号として導入したのが、南アフリカで開発されたエンビロンという化粧品と施術です。

クレンジングは筆で行い、拭き取りは使い捨てのハイゼガーゼを使用して非常に衛生的です。東京まで研修に行き、皮膚構造や化粧品知識、施術に至るまでしっかりと勉強しました。

最初は余分にスタッフを雇用してしまったことから、苦肉の策でフェイシャルメニューを始めた訳ですが、エンビロンの施術は17年ずっとお客様に愛されて、ロングセラーの人気メニューとなっています。

無計画はもちろんよくありませんが（当時の私は無計画というより無謀なので論外）、しっかりと計画を立てていても、予想外のことが起きることもあり、すべてが計画通りにいくとは限りません。自身がどう解釈をして最善をつくそうとするかで、アイデアが湧いたり、思わぬことで道が開けたりすることも多いと感じています。

変化を恐れず、時代やそのときの状況に応じて、柔軟に最善を尽くしましょう。

2　お客様目線を大切にする

クレンジングをしないフェイシャルエステ？

その当時、もう1つお客様から大変人気のあったメニューがあります。

フォトエステ（光フェイシャル）というもので、光を照射することでお肌が活性化し、コラーゲンの生成やシミ、そばかす、たるみ、くすみなど様々な肌トラブルにも対応できる施術です。お顔に光を照射する時間はおよそ10分ほど。通常はエステではクレンジング、洗顔後に光を照射、その後パックを行ったりして、小一時間ほどのコースになっていることが主流です。

ですがサロンに来られるお客様は忙しくされている方も多く、エステを受けた後に再度メイクをして帰ると、時間がかかりすぎてしまう方もいます。また、お昼休みにエステを受けたい方や、家族にエステに行っていることは内緒にしているので、あまり時間が取れない方もいました。

そこで思いついたのが、目から下にのみフォトフェイシャルを行う方法です。

クレンジングシートを準備し、目から下だけをお客様ご自身で綺麗に拭き取ってもらいます。その後フォトエステを行い、しっかりと冷やして保湿をしておしまいです。

この方法であれば、来店して30分でサロンを出ることができ、忙しくて時間が取れない方でも気軽に受けていただくことができます。このメニューが大人気となり、たった15坪、ベット3台のサロンは終日ご予約でいっぱいになるほどになりました。

とにかくお客様が次から次に来店されるので、ベットで施術を受けているお客様が３名。入れ替わりのときには次のお客様が３名。スタッフも最大７名にまでなり、15坪に13名ほどの人がいるという過密状態になるほどでした。

業界の常識を疑ってみよう

もし私がしっかりとエステを学んでいたら、お客様自身にクレンジングシートで拭き取ってもらうという概念は生まれなかったと思います。

エステの基本を知らなかったのでできたことです。現在はサロンのコンセプトにマッチしないので、この方法では行っていませんが、業界の常識ではないことでも、お客様のニーズにお応えしたい想いがお客様に届いた結果、多くのお客様に喜んでいただくことができました。

私が通っている美容室での話ですが、とてもシャンプーが丁寧なんです。多くのお客様が気持ちのよいシャンプーを喜ばれていると思います。ところが、私はシャンプーをしてもらうことがあまり好きではありません。気持ちいいけど、短時間で終わらせてほしいのです。

そのことを、通い始めて数年経ってふと話したのですが、すごくびっくりされて、「お客様はシャンプーを丁寧に時間をかけてされるのが好きだと思っていました！」と言われました。

それからお客様ににシャンプーのことを聞いてみることにしたそうです。

そうすると意外にも、短時間で終わってほしいお客様が多くてびっくりしたそうです。

このようにお客様は意外と多くを求めていないケースもあります。

業界では常識のこともお客様からすると、重要視していないこともあるのです。

時代はどんどん移り変わります。定期的に顧客に率直な感想や意見をいただくようにし、提供しているサービスが、本当に必要かどうか見直してみることも必要です。

夢を形にする方法

その後、脱毛、フェイシャルに続き、お客様からニーズのあったボディの施術も始めることにしました。とはいえ15坪の小さなサロンは毎日お客様のご予約で一杯です。

そこで、車で5分ほどの場所に2店舗目をオープンすることにしました。2店舗目も1店舗目と同じく、15坪ほどの小さなサロンです。後にこのボディ専門店は月売上が平均700万円ほどの優良サロンとなります。

その理由は、次の3つです。
①福岡ではうちでしか受けられないメニューであったこと
②1回あたりの施術が4万円と高単価だったこと
③1回の施術で結果効果にこだわったオールハンド、オーダーメイドのエステであったこと
自社の強みや魅力をお客様に見えるように打ち出し、選ばれるサロンになりましょう。

企業にとって大切な３つのこと

企業にとって大切なことは、次の３つがあるそうです。

①経済性……経済的価値（利益）の創出
②独自性……他社とは差別化される商品、サービス、仕組み
③社会性……社会をよりよく（社会貢献）

またこの３つの順番が大変重要だそうで、社会性、独自性、経済性の順番が望ましいのだそうです。このことは弊社の社員研修をお願いしているコーチの矢次先生に最近教えていただいたことです。

例えば、私の２店舗目のボディ専門店を例に挙げてみましょう。

①社会性↓真の健康美を追求した結果効果にこだわったオールハンドのエステだったこと（お客様から、１度受けると身体が本当に楽になり、１週間後にはもっと身体が軽くなっていて健康になれると喜ばれていました）。
②独自性↓福岡では私のサロンでしか受けれないエステメニューでした。またオールハンド、オーダーメイドのエステで１人ひとりの体質に合わせて、施術法を変えていました。
③経済性↓１回の施術が４万円を超えるエステで、お客様によっては１回最大で８万円と高単価なエステでしたが、口コミで連日ご予約はいっぱいでした。

このように夢や想いを形にするときには、誰かの役に立ち、他では真似できないもので、しっかりと利益も残ることを事業にするとよいと思います。つまり、お客様目線で考えるということです。

やりたいことはあるけれど、あまりこれらのことを考えたことがない方は、一度自分の考えや想いを整理してみるといいと思います。

自分のやりたいこと。できること。そしてお客様から喜んでもらえること（ニーズがあること）、この3つに当てはまるかどうかをまずは書き出してみてください。

そして、その後で、他社との差別化（オリジナリティ）と、どのように利益を出していくのかを計画していくといいと思います。

お客様が満たされて幸せになることを考える

お客様のニーズとは日本語にすると、お客様の理想の姿の要望といったところだと思います。エステの場合だと、綺麗になったり健康になったりしたときの嬉しさや喜びの感情がお客様のニーズです。「痩せてどんな服でも着こなせるようになった＝自信がついて誇らしい気持ち」、「褒められることが増えて嬉しい！」と思う気持ちを満たすために、どのようなエステやホームケア、更にどんな情報を提供して、それを誰が行うとお客様が満たされて喜ばれるのかを考える必要があります。

・誰かの不安や困っていることを解決できそうか（愛情、安心、安全）
・誰かの生理的欲求（食欲、睡眠、健康）
・誰かの自己実現（学びたい、綺麗になりたい、お金を得たい、成功したい）

など人の理想の姿を叶えることを考えてみるとわかりやすいと思います。

未来でもお客様のお役に立てるかを考える

そして、最後に大切なことは継続です。

私の2店舗目のボディ専門店はその後数年間はお客様でいっぱいの繁盛店となりました。

私もその技術に惚れ込み、来る日も来る日も技術向上に努めました。

お客様の体質、体調、お悩みに合わせてオールハンド、オーダーメイドで行う施術は、施術者の技術力で結果に差が出てしまいます。これは施術を受けているお客様が誰よりも敏感に気づくことです。またオールハンドのエステですから、お客様と施術者との相性もあるのです。

それゆえに技術力の高いエステティシャンが退職してしまうと、代わりが利かないのです。

育てようと思っても、なかなかすぐには育ちません。このように代わりができるエステティシャンを多く育てることができなかったことが一番の原因で、最終的にボディ専門店は閉店することになってしまいました（お客様へのサービスは、最後まで責任を持って提供できました）。

せっかくお客様から支持される素晴らしい技術を行っていても、「○○さんしかできない技術」「修得するのに長期間を要する技術」は経営において危険です。業績が1スタッフに左右されないようにサービス技術の均一化や接客のオペレーションを検討して、未来でもお客様のお役に立てるかを見直してみましょう。

夢や想いを形にするときには、その事業を継続できるだけの情熱があり、困難なことが起きても大丈夫なようにしっかりと未来を見据えて、事業計画を立てておくことも大切です。

エステを開業することを目標にしてはいけない

現在全国にあるエステサロンの事業所数はおよそ5800店。マンションエステや開業届を出していないサロンも含めると実際には、もっと多くのエステサロンがあると言われています。

「エステって簡単に開業できそう」「資格もいらないので誰でもすぐにできる」「私はエステの技術ができるので独立したらうまくいきそう」なとと考えて、エステを開業される方も少なくありません。ですがエステサロンを開業してもそんなに上手くいく程、甘い世界ではありません。開業から1年で6割のサロンが廃業しています。3年で8割。10年では9割のサロンが廃業しています。

開業してもすぐに失敗しないように、エステサロンを開業することを夢や目標にせず、お客様に喜んでいただいて、「長く経営を継続させる」意識と覚悟を持って、開業に臨んでほしいと思います。そのためにも自分がどんなサロンを経営したいのか、ビジョンを持ち計画しておきましょう。

個人サロンなのか、スタッフを採用するのか。マンションエステなのか、テナント型エステにするのか。オールハンドエステなのかマシーンを導入するのか。スタッフを採用するのであれば、ベット数とスタッフ数をどこまで増やしていくのか。売上目標はどうするのか。

現在エステ業界はトータルビューティーサロンではなく、小顔専門店、痩身専門店、脱毛専門店のような専門店化が人気です。自身のサロンのコンセプトを明確にすることも大切になります。技術やサービスの質は高くて当たり前。開業すると、1エステティシャンではなく、経営者として利益を生み継続する経営が求められます。ビジョンに合わせて、開業計画をしっかりと立てましょう。

第3章　数々の困難、絶対逃げない私になろう！

1　試練と挫折

スタッフの一斉離職

3店舗となり、来る日も来る日も朝から真夜中まで働きました。毎日睡眠時間も3時間から4時間くらいだったと思います。毎日12時間くらい施術をして、合間合間にスタッフと会話をしたり母や姉に毎日スタッフのごはんも届けてもらったりして、一緒に食べる日々を送っていました。

売上も順調に伸び、エステティックグランプリという大会でも顧客満足度九州1位を獲得することができました。体はきつかったけど、毎日が充実してやりがいを感じていました。

もっともっと売上をつくりたい。もっともっと家族のような会社にしたい！

だけど、そう思っていたのは私だけで、一緒に働くスタッフは違っていました。

ある日、スタッフから「お話があります」と言われました。

社員全員で円になって話をしました。そして当時12名ほどいたスタッフのうち、8名が退職を申し出てきました。

「もう色々なことが限界です。お客様もエステの仕事も好きだけど、、会社にたいして不信感があります。社長は、(当時の) 店長を信頼しているかもしれないけど、私たちはこの人がいるなら辞めます。それから会社として、就業規則や雇用条件、保険加入などもはっきりしてなくて、杜撰だと思います」。

退職理由は大きく分けて、この2点でした。

①店長という立場をいいことに、自分に都合よくやってる上司を許せないこと。

だけど、私がそのことに全然気づいていなかったこと。

②それから会社なのに規則もなければ、評価制度もない。保険もつけてもらえてない。

「会社のあり方としてどうなんですか！」というものでした。

加害者が被害者きどり

その日から毎日泣いて暮らしました。「人生でこれでもか！」というくらい落ち込んで悲しくて、家に帰って部屋の隅にしゃがみこんで一生分の涙を使ってしまったほどです。

だって最高のチームだと思ってたんです。

仲間がいるから、睡眠も休みもとらず頑張ってきたのに。

みんなにたくさんお給料もあげたくて、売上も目標高く頑張ってたのに。

みんなもそうだと思っていたのに。

まさに悲劇のヒロインです。加害者なのに被害者になりきっていました。

そして本音で話し合うこともせず、向き合いもせず、何の解決もしてあげず、最終的に9名が去っていくことになりました。

こんなによくしてあげたのに！　なんでなんでなんで？　食事ものどを通らなくなり、サロンに行くことも苦痛になっていく毎日です。

最終的には９人ものスタッフが辞めても、お客様にはエステを提供しなければなりません。残ったスタッフ３名でサロンを維持しようと頑張りましたが、当時1億５０００万円ほどあった年商は翌年には半分以下となり、体力も資金繰りも、何よりも精神が追いついていかなかったです。

そして人としても経営者としても未熟すぎた私にはこの後、それを証明するかのように、次から次にと苦難が降りかかります。

でも、今振り返ると、すべて自業自得。このとき一緒に働いてくれていたすべてのスタッフに、まずはごめんなさいとありがとうの気持ちです。

この一件を機に就業規則や雇用契約書、社会保険の完備など整えていくことができました。勢いだけでいきあたりばったりでは通用しないことが，少しわかってきた頃です。

雇用する際には手続を！

従業員を雇い入れる際には，必要な書類や手続がありますので、確認してきましょう。

①必要な書類（厚生労働省のホームページからダウンロードできます）

・労働者名簿

・出勤簿等

・賃金台帳

②必要な届出

・税務署へ↓給与支払事務所等の開設届

・労働基準監督署へ↓労災保険の加入手続

・年金事務所へ↓社会保険加入手続

・ハローワークへ↓雇用保険加入手続

③従業員へ渡す書類

あると望ましい書類

・入社誓約書

・身元保証書

などがあります。

その他、起業して事業が成長し人を雇用すると組織や制度を整えていかなければなりません。月次の給与計算や、就業規則なども必要になってきます。その際、社長が労務に関する手続や業務を自ら行うと，本来の仕事に支障をきたすことも考えられます。労務に関してはプロである社労士さんに依頼をすることが安心できるでしょう。資金や税金に関することは税理士さんに依頼するように、ヒトに関することは社労士さんのサポートを受けながら、経営者は会社の経営を第一に考えましょう。

緊急開腹手術

今でこそ男性エステティシャンや男性セラピストなど男性でも活躍されている方が増えましたが、それでもエステサロンはまだまだ女性がメインの職場です。

最初は「お見合いなんてしたくない！　自分の好きな人と結婚するんだ！」と意気込んで起業をした私ですが、実際に結婚したのは38歳と10か月のときです。

スタッフが一斉に退職をしてから、その後5年間はなんとか会社を潰さないように必死でした。仕事が上手くいってないとプライベートを楽しむ余裕ができないのです。

その頃、売上が半減して、なんとか元の状態に戻そうと四苦八苦していました。銀行からも現在の売上だとこれ以上は貸せません、と断られ毎月の支払いや返済にも悩まされていました。

それでもどうにか毎日のハードワークを続けた結果、ある日猛烈なお腹の痛みに襲われます。「うちに帰って、一晩寝たらよくなるだろう」くらいに考えて鎮痛剤を飲んで休みましたが、朝には一歩も動くことができず声も出ないくらいの痛みです。どうにかして姉を呼び、救急車を呼んでもらい病院まで運ばれました（そのとき、よれよれの着古したパジャマをきていたのが、後から考えると本当に恥ずかしかったです）。

女性ならではの病気に注意

ＣＴの結果、なんと卵巣嚢腫が破裂して腹膜炎を起こしているとのこと。「このままだと危ないので、緊急開腹手術をする」とお医者さんが言います。

「え、え、えー！　困ります。サロンに行って仕事しないと。抜けれるような状態じゃないのに！」と心で思いつつも、お腹が痛すぎて声になりませんでした。「最後にはもうどうでもいいから早く手術をして、早くこの痛みをどうにかして！」と思うほどでした。

その後、無事に手術も終わり、「状態によっては、卵巣も1つ取らないといけないかも」と言われていましたが、嚢腫のみを切除して卵巣は残すことができたそうです。

それから2週間の入院をしました。起業して6年目ではじめての3日以上のお休みです。漫画を読んだり、テレビを見たり、毎日のようにお見舞いにきてくれる友人や家族がいて、改めて色々なことに感謝をしたり、今後のことを考える時間になりました。

そしてもちろん、会社が大変な時期にトップが2週間も休めば、状況がよくなるはずもないのです。卵巣嚢腫は直径13センチの大きさにもなっていたようで、振り返ると1年くらい前からお腹が痛かったのです。急にしゃがみこむくらいお腹が痛いときもあったのに、「仕事、仕事、仕事！」と目先のことに一生懸命で、自分の体のことは後回しにしていました。

女性経営者だからこそ気をつけたいこと

経営者になると、他の誰かが代わりになってくれることはありません。

特に「女性だからこそ気をつけたいこと」もありますので、いくつか紹介します。

①健康管理

まずは私のように体調を崩してしまうことです。

突然の病気などで緊急入院してしまうと、スタッフやお客様に大変な迷惑をかけてしまいます。会社員のときは会社の健康診断などがあり体調把握がしやすい状態ですが、起業すると自分で管理する他ありません。

忙しいとついつい後回しにしてしまう健康診断ですが、自身でしっかりと管理して、食事や適度な運動、睡眠や休息なども気をつけるようにしたいものです。

②友人関係

起業をすると、友人や家族をお客様にしてしまいがちです。本当にあなたの提供しているサービスや商品をよしとして、お客様になってもらうのは構いませんが、お友達だから、家族だからと互いにになあなあになってしまいトラブルになってしまうことも少なくありません。

私はそうなることが嫌だったので、友人や家族に自分から連絡して、お客様になってもらったことは一度もありません。

③自宅と仕事場が一緒

エステサロンのようなお客様を迎え入れる仕事の場合には特に注意が必要です。

一人暮らしだと防犯上も心配です。自宅兼サロンの場合はホームページなどには町名までにして、番地や号数は予約時に個別に知らせるようにするなどしましょう。

家族と一緒に住んでいる場合は家族の協力が不可欠になります。音や匂いなどにも気をつけなければなりません。家族のプライベート空間であることも忘れないでください。

私は過去３回空き巣の被害に遭いました。今はすべて警備会社をつけていますが、女性だけの職場だと防犯は気をつけすぎるくらいが丁度いいと思います。

つい先日、ある日スタッフがロッカールームに入ると、知らない男性がロッカーを漁っている場面に出くわしました。その男性は慌てて飛び出していき、非常階段を降りて逃げてしまいました。カメラにもその男性は映っていましたが、顔を隠していてはっきりとわからず、警察に相談しても捕まえることはできませんでした。幸いなことに何も被害はありませんでしたが、泥棒と鉢合わせをして怪我でもしていたらと思うと、ゾッとします。

その後、玄関はクローズし、インターホンを押してもらう形式に変更しました。できる限りの対策をしておいて間違いはないと思います。

④仕事とプライベートを両立できますか？

結婚や、女性ならではの出産、子育て、両親の介護などが挙げられます。

最近では共働き、男性の育休取得なども珍しくなくなってきましたが、それでもまだまだ女性が男性や家に合わせることのほうが多いように思います。

「仕事とプライベートの両立ができるか？」は、金融機関が女性起業家に融資をする際の判断材料にもなりますので、何かあったときに協力してくれる人や場所は自分で探しておきましょう。

起業をする責任とやりがい

起業する夢や人生の目的を叶えるためにも自分が何を望んでいて、何は望んでいないかも考えてみてください。

私の場合は結婚ということに関して言うと、「一切料理はしない」「家のことは後回しでもOK！」「時間の優先順位は仕事」「互いに1人の大人として心身と経済力が自立していること」というのが明確だったので、これらに賛同してくれる人でないとパートナーシップは難しいと考えてました。

そのため結婚できないだろうと予測していたのですが、

家のことはハウスキーパーさんに頼もう！

ごはんは365日外食で問題なし！

仕事が大切？　当たり前！

互いに貢献しあうけど尊重しあおう！

と言ってくれる奇跡のような人と出会うことができ、40歳を目前に結婚に至りました。

起業をして経営していると、家族と食事に行く、旅行に行くなど予定を立て約束をしていても、仕事を優先させないといけない場面も多々あります。私も主人と食事をしている最中でも会社から連絡があり、主人を1人お店に残して、会社に戻ったことも幾度とあります。

夜中にスタッフから電話があり、数時間相談を受けたり話をすることもあります。

そんなときに主人が怒ったり、機嫌が悪くなったりしたことは一度もありません。

経営とプライベートの両立

主人は福岡生まれの福岡育ち。福岡市中央区にある豆腐屋の３代目として育ちました。主人が28歳のときに当時社長をしていた父が急死し、経営のことが何もわからないまま、豆腐屋の社長を引継ぐこととなります。当時従業員40名、年商４億円の豆腐屋を従業員80名、年商８億まで事業を伸ばしましたが、資金繰りが上手くいかず会社は倒産。個人負債５億円を背負うこととなります。

その後、会社はなぜ倒産するのか。「倒産しない会社づくりとは？」を追求し、会計事務所が母体のコンサルティングファームに入り、主に事業再生の支援をし、実績全国トップとなります。その中で個人負債5億円を破産せずに完済。年間３００名以上の経営者と会う中で「モノづくり」では勝ったが、「ブランドづくり」で負けている企業の多さに気づき、少しの工夫で飛躍的にブランド力を向上させ、業績が向上できることがわかり、現在、経営目線のブランディングを行うデザイン会社を経営しています。

当時、会社が倒産する際には食べものの味が全くせず、空の色も青に映らなかったといいます。このように主人のこれまでの背景があるので、同じ経営者として自然と理解してくれる器の大きさには助けられています。これが、「いつも仕事ばっかりだな！」「仕事より家庭を優先させろ！」というようなパートナーであれば、私の場合は関係性がうまく保てるわけがありません。そのためにも起業をする際には優先順位や大切なこと。どのように仕事と家庭、子育てなど取り巻く環境とのバランスを取っていくのかをしっかりと考えておきましょう。

【図表1　著者の結婚式】

2　経営と法律

知らなかったでは済まされない

ある日、お客様からご連絡がありました。

無断でその方のお身体の写真が「とあるメーカーのホームページに使われている」と大変憤慨されていらっしゃいました。

そのお客様は私のサロンを通じて、メーカーのオンラインダイエットコンテストに出場されており、メーカーの同意書にもサインをいただいてエントリーしていました。

その同意書には、①お体のビフォーアフターが掲載されること、②オンラインでの投票が行われること、③お名前は本名を伏せたい場合は別のお名前でのエントリーも可能なことなどが内容として記載されており、お客様も同意しますとサインをされていました。

そしてエステティシャンと二人三脚で半年で10キロ超のダイエットと身体づくりに成功され、「本当にこのサロンに出会えてよかった！」と大変お喜びいただけたお客様でした。

オンラインダイエットコンテストにもエントリーし、コンテストを励みに頑張ってこられたお客様でもありました。

ですが、それから半年ほどたったある日、先述のお怒りのご連絡をいただいたのです。

サービスを受けていただいた後の責任

その後、お客様と今までの経緯や同意書のお話などもしましたが、「知らない。そんなつもりではなかった。今まで支払った金額をすべて返金してください。そうでなければ裁判を起こします」と言われてしまいます。

私は私で、知らないはずはない。「説明もしているし、コンテストの結果も出ている。何より同意書だってサインいただいているではないか！」と自分の正義を振りかざして、「うちの会社は悪くない！」と思い、お客様と決裂してしまう結果となりました。

そして結果は裁判を行うこととなります。

そして裁判を進める中でわかったのですが、メーカー主催のコンテストの同意書は法的に不足している書面であり、「法的に同意しているとは認められない」ということでした。

当時、スタッフの一斉退職があり会社の体力もない中で、裁判のために弁護士を雇う資金も惜しく、弁護士をつけずに自分で裁判を行いました。

裁判に必要な書類を作成して、自分で自分の会社の弁護を行いました。

正直、苦しかったです。家族のように思っていたスタッフもいなくなり、お客様とは裁判沙汰となり、お金もなく、毎日の睡眠もろくに取れない日々です。

そして私ばっかり、こんなに頑張っているのに！「運が悪いな」とさらに悲劇のヒロインに浸っていました。

すべては自己責任

当時はわからなかったけれど、すべては自分のあり方の結果でした。

お客様にそこまでの行動を取らせる結果になったのも、たくさんの理由があったのだと思います。

そもそも説明が不足していたのかもしれません。

お通いいただいてる間に、小さな不信感が積もっていくようなことがあったのかもしれません。

スタッフの一斉退職に伴い、お客様の担当者もいなくなり、信用信頼に欠けるような対応があったのかもしれません
クレームをいただいた時点で、お客様の本心をお聞きする対応ができてなかったのかもしれません。私は悪くないと自分を正当化して、過信しすぎていたのかもしれません。「同意書はメーカーが用意したものだから！」と責任転嫁していた私もいました。

トラブルが起きたときに経営者としてのあり方が問われます。会社として何を志してどうありたいのか。それさえもブレブレの状態でトラブルを解決することができるわけもないのです。

また個人情報や、今回のようなお客様のお写真の管理には安全に厳密に管理を行うことが必須です。契約や書面の取り扱いも、「知らなかった」では済まされません。

場合によっては、損害賠償請求など訴訟となることもあるのです。

「これは大丈夫かな？」と不安に思うことは法律家に依頼をして、リスクを最小限に抑えることができるよう確認をしてもらうようにしましょう。

最低限押さえておきたい個人情報の管理

事業者には個人情報保護法（個人情報の保護に関する法律）が適用されます。

①個人情報を取得するときは、何に使うのか目的を本人に伝えること
※ホームページや店頭で掲示しておく方法でも〇
②取得した個人情報は決めた目的以外には使用してはいけない
③取得した個人情報は安全に管理する
※パソコンのウィルス対策や、紙の場合は鍵付の棚に保管するなど、保管方法と社員教育の徹底も行う
④個人情報を他人に渡すときはあらかじめ本人の同意を得ること
⑤本人からの個人情報の開示請求をされた際は応じること

数々の試練

スタッフの一斉退職、緊急入院、裁判。これだけでも30代前半の私には立ち直れないくらい痛手だったのですが、追い討ちをかけるようにして次なる試練が続きます。

色々なことで自信を失い、自分の力量を自覚した私は残ったスタッフと共に、2店舗のサロンを粛々と経営していましたが、経営者としての自信もないのでスタッフ育成もできず、甘やかすような携わりしかしていませんでした。「甘やかしすぎだよな」と思うことはあっても、会社に残ってくれているだけでありがたいと感じていたのです。

スタッフ数が足りない中で、働いてくれているスタッフへ負担をかけている負い目も感じていました。この先も会社を大きくするなどという自分の力量にそぐわないことはやめて、２店舗を一生懸命やっていこうと決めていました。

ありがたいことに技術力には定評があったのでお客様が途絶えることはなく、噂を聞きつけて九州は大分や長崎、東京やハワイなどからも定期的に来店してくださるお客様もいました。そんな折、業務提携のお話をいただきます。

素晴らしい技術をお持ちなので、新しく設立するエステサロンの運営を依頼したいというのです。２店舗の経営だけでも一杯一杯の状態です。また新たにお仕事を引き受ける気力も体力もありません。最初は丁重にお断りをしていましたが、何度もアプローチしてきてくださる姿勢と、経営はあくまでエステサロンのオーナー会社であり、私の会社ではエステサロンに来店したお客様へ技術を提供することに集中すればよいとのこと。

そのオーナー会社は異業種が本業であり、経営資本もしっかりしているようでした。当時、色々なことで自信をなくした私にとって、段々と魅力的なオファーに変わっていったのは言うまでもありません。

業務提携の顛末

数か月考えた末に、そのオファーを受けることに決めました。そして、前回の裁判のこともあり、契約をする際には法律家に間に入ってもらいました。しつこいほど契約内容を確認し、少しでも気になったことは交渉し、念には念を入れ契約書を交わしました。

それでも問題は起きるのです。そのサロンオーナーの会社の本業が傾き、わずか半年で閉店となってしまいました。本来入るはずの入金もなく、残ったのは10名の行き場のないスタッフと、負債と、契約していただいたお客様たちの役務残です。

その店舗で勤務していたスタッフは1名を残して、9名には辞めていただきました。9名もの社員を雇用し続けるだけの資金が残っていなかったからです。

お客様のエステ残は本来オーナー会社が請け負わなければなりません。ですが、お客様が解約をしても、オーナー会社に資金がなければ、残金が返却されないことがわかりました。私の会社は法的に責任を負うことはなかったのですが、ここのサロンだったら綺麗になれると信じて契約してくださったお客様を泣き寝入りさせることはできませんでした。「エステの提供もできません。」「返金もされません」とは言えませんでした。

そのため希望されるお客様には無償で、残っているエステのコースを提供させていただきました。今回は間違いのないように、「スタッフのみんなが安心して働けて、技術に集中できてお客様に喜んでいただける。そんな会社づくりができる！」と思って臨んだ業務提携でした。

最終的にたくさんのスタッフをまた退職に追い込み、負債は増え、無償のエステサービスを施し、半年前よりも悲惨な状態になりました。念を入れた契約書も意味を持たない紙切れとなりました。

契約相手に資産がなければ、何も得ることはできないからです。

このとき残ったスタッフは4名。私を入れて5名で、2店舗の経営に戻ることとなりました。銀行借入残は８０００万円にも膨れ上がっていました。それでも不思議とサロンを閉じるとか、破産をしようとは考えませんでした。お客様がいるし、こんな状況でも残ってくれた社員がいたからです。

何が起きても逃げないことを大切にしよう

その後、再度経営を立て直すには5年はかかったでしょうか。5年が短いか長いかはわかりませんが、簡単ではなかったです。お金がなかったので、1年ほどはサロンのロフトに布団を敷いて寝ていました（意外と快適でした！　笑）。

高価なものはすべて質に入れて売ってしまいました。保険などお金になるものは全部解約しました。また、仕事だけではなく、プライベートでも色々なことが重なり、消耗しきっていました。

それでも傍から見ると、私は涼しい顔をしていたと思います。なぜなら、こんなに苦しい状態を人に見せたら、「苦しい」とか「悲しい」とか「辛い」という言葉が溢れてきて、自分がダメになると思っていたからです。

だから、1度も泣きませんでした。今でも涼しい顔をして、粛々とサロン経営をしていたことは正解だったと思います。「こんなことがあったんだよ」ということは話しても、泣き言や愚痴は言わないようにしていました。

税理士や弁護士からは「一旦会社を畳んで、また再出発したほうがいいと思う」と言われましたが、1回逃げたら、もう一度やり直す気力は取り戻せないだろうなと思いました。とにかくやるべきことを逃げずにやり続けることを選び、社員へも一度も給与の減額や遅延もせず経営を立て直すことができました。

あのとき逃げずにやり続けてよかったです。自分に信頼が持てるようになりましたし、少々のことでは動じない人になれました。それから、逃げなかったことで人の相談に乗れたり、応援できることが増えました。「私もこんなこと経験してきたけど、なんとかなったから、こうしてみたらどう?」と言えるようになり、友人や仲間の役に立てることができ、頑張ってきてよかったと思えます。

プラスに作用できる人になろう

逆に友人や仲間に対して、自分がマイナスに作用する人にはなりたくありません。「それって無理じゃない」とか「そんなに頑張ってどうするの?」と人のやる気をそぐような存在にはなりたくないのです。でもあのとき、自分が逃げていたら、人のことも応援できない人になっていたかもしれません。逃げなくてよかったと心から思います。

これは経営者であるなしにかかわらず、どんな人間関係でも言えることだと思います。自分自身にフォーカスするだけならまだしも、誰もが人にも多くの影響を与える存在です。頑張っている人の足を引っ張るよりも、頑張っている人のお役に立てる人になれたらいいと思いませんか?

第4章　経営者がビジョンを語ると人が育つ理由

1　社長が変われば、会社は変わる

運命の社員との出会い

業務提携が破綻して、経営状態は末期状態になりました。ですが、得たものもあります。この得たものが私の人生、会社の明暗を分けることとなります。

それが現在のゼネラルマネージャー（統括責任者）三山との出会いです。年齢は私よりも5つ上。大手エステサロンや大手美容会社に長年勤めた経験があり、数店舗の統括責任者の経験もあります。そして業務提携のエステサロンオープンに伴い、弊社で働いてもらうこととなったのが出会いです。その出会いや働いてもらうまでの経緯も実に色々なことがあったのですが、ここでは割愛します。

起業してからここまでの道のりでもわかるように、私にはエステサロンのノウハウがありません。エステサロンを経営するにはポイントとなるいくつかの柱が必要です。

①集客
②技術、メニュー開発
③知識
④採用
⑤教育

⑥評価制度、規則
⑦接遇、おもてなし、環境整備
⑧時流を読む力、情報、人脈
⑨経営者としての人間力・器
⑩理念やビジョン、行動指針

そして、「⑪人が育つ会社づくり」です。

この時点でかろうじて、なんとか○がつきそうなのは、「②技術」と「⑦おもてなし」したいという心の部分くらいでしょう。集客は時代が後押ししてくれた運のよさで救われていたと思います。あとはどんなに苦しくても辛くても、それでもやり続けようと思う覚悟はあったと思います。このないないづくしの私を変えてくれたのが三山です。

20年近く美容業界で培ってきた経験、スキルを教えてくれました。それはもう根気がいったと思います。そして今でもまだまだ教えられている途中でもあります。出会わなければ、遅かれ早かれ会社はなくなっていたと断言できます。1人の人間との出会いで、大きく人生も会社も変化していくのです。

基本の業務に人間性が表れる

うちの会社で大切にしていることがあります。それは雑務です。

雑務とは、「誰にでもできる業務。けれど誰かがやらないといけない必要業務」です。
この「雑務」を正しくやれない、やらない、蔑ろにする、「まあいっか」とおざなりにする。
そんなスタッフは、断言しますが成長しません。人間力もつきません。なぜならば、入社をして間もないとき、エステの技術ができなくても知識がなくても、誰もができる簡単な作業だからです。けれど、その雑務を正しくやらずミスを起こすと、大きな問題へと発展していきます。

誰でもできることを誰よりも正確に大切にする

例えば、1日の売上票の金額を間違えて記載したとします。当然、現金が合わなくなります。そして、どこが間違っているのかを営業最後のレジ締めのときに精査していかねばなりません。本来帰れる時間に帰れなくなります。間違えた人間が最後に残るならまだしも、そうでないケースも多々あります。家で家族を待たせているかもしれません。友人と食事の予定を入れているかもしれません。

しかし、解決するまで帰れないのです。一緒に働く仲間に迷惑をかけます。誰でも一度や二度はあることです。ですが、何度も何度も繰り返してしまう人間が中にはいます。仲間に迷惑をかけても、仲間が悲しんでも、時間も心情も費やしてなんとか改善させたい、成長させたいと関わっても治りません。

人の気持ちがわからないのです。反省と感謝をしません。まず、自覚もしません。指摘をすると、開口一番がなぜできなかったかの理由を述べることから始めます。言い訳です（笑）。
そして、往々にして、このような人間は何か別で秀でていることがあったりします。
技術だったり、売上だったりします。独特な魅力的な部分もあります。ですが、人の気持ちのわからない人間には、スタッフもお客様も最終的には去っていきます。そのため新入社員にはこの雑務に関しては、本当に厳しく指導をしています。

人のために尽くせる人材でいよう

3か月の試用期間中に雑務のやり方、ルールを守れるか。自分で決めたことをやり遂げられるか。感謝の気持ちがあるかを細かく見ています。できていなければ、主に店長が指導をしていきます。それでも難しい場合はマネージャーや私も関わります。それでも難しい場合、本採用はしないことにしています。新人で、まだまだ会社に貢献ができない立場です。お給料をもらいながら、先輩や上司に様々なことを教えてもらい、1人前になっていく時期なのです。できることを率先して行えるスタッフは先輩からも可愛がられ、信用信頼の関係が構築されるので、さらに成長が加速していきます。

これらはすべて三山から教わったことです。

かくゆう私も雑務力ゼロ。大雑把でどんぶり勘定。ルールは嫌い。自由に生きたい！　そんな人間でした。ですが、1つひとつの業務の意味を根気よく教えてもらい、「正しい仕事をしたい！」

と変化することができました。

会社の行動指針の1つに、「人のために尽くせる人材になる」という言葉があります。その大前提には「関わってくれているすべての人に感謝を。今、自分にできることを誠実に正しく行う」という意味が含まれています。

基本の雑務がさくさくと的確にできるようになると、お客様への時間が確保できるようになり、仕事の「楽しさ」や「やりがい」が感じられることとなり、結果お客様のため。自分のため。仲間のためになります。

起業したてのときこそ雑務を大切に

起業したての頃は、様々なことを自分でやることが多いと思います。私も起業したての頃、領収書を整理して会計ソフトに打ち込んだり、各種手続のために役所に行ったり、給与計算も自分で行っていました。かと思えば、ブログを書いたりホームページの管理をしたりなど、エステサロンでお客様の接客施術を行うこと以外にも多くの実務がありました。そしてついつい「まぁいっか明日で」が多くなり、最後には領収書の山に埋もれて泣いたこともあります（笑）。

人は平均して、1日10分を探し物の時間として日々費やしているそうです。

一生だとなんと、153日分もの時間を費やしていることになります。「ペンをどこに置いたっけ？」に始まり、「携帯携帯！」と探し回ったり、仕事中に書類を探してばかりだったりしませんか？

【図表２　船井総合研究所主催のセミナー】

「日常的に探し物をよくしているな」と思い当たる方は要注意です。それ、仕事でも無駄に時間を費やしているのかもしれません。

無駄に時間を浪費しないこと、どうせなら重要かつ人のためになる時間に使いたいものです。

伝えることの大切さ

私は人前で話をしたり、自分のことを話すことが本来得意ではありません。できることなら一番後ろか隅っこにこっそり座っていたいタイプなのです。

幼い頃から、人前では母のおしりの後ろに隠れているような子どもでした。また、「学校でも挙手をする」「発言をする」というのが嫌で嫌で嫌で仕方がなかったのです。それは今でも本質は変わっていません。

そんな人間が今では１００名ほどの方たちの前で勉強会の講師をしたり、船井総合研究所主催のセミナー講師として登壇できるようにまでなりました。

家庭環境を言い訳にしない

冒頭でお伝えしたように、私は7人兄妹の末っ子です。兄や姉とはかなり歳が離れていて、親子ほどの年齢差の兄妹もいるほどです。

当然、幼いときから兄妹の中では注目の的となります。愛情があったからこそでしょうが、1つ発言をすると、返事が10返ってくるということです。

そのような中で育つと、おおよそ兄妹の性格パターンと言動パターンがわかってきます。「これを言うと、こう返ってくるだろうな」とわかってくるのです。結果として、「余計なことは言わないほうが身のためだ」という思考パターンができ上がり、大切なことを、基本家族には相談しない人間ができ上がりました。

さらに、父は昔気質の人でしたから、私が一言でも父の気に入らないことを言うと、げんこつや灰皿などが飛んでくるような人でした。今となっては笑い話ですが、実家のテレビやふすまや家具などは大体へこむかヒビが入るかしていたものです。父が往々にして、テーブルの上にあるものを投げるからです。

唯一、母だけは何かに反対したり賛成したりとジャッジをしない人だったので、私と似ている性格で安心できる存在でした。大人になってもそれは変わらず、意見を言ったり、話し合ったり、「自分という人間はこんな人間です！」と主張することが苦手なままでした。

これは経営者としては結構致命的かもしれません。

「うちの会社って今後こうなっていくよ！」「私はトップとしてこんなこと思っているよ！」「○○さんには会社でこんな役割を担ってほしいんだ！」なんてことを思っていても、一切言葉にできなかったのです。

「未来が語れない。夢を語れない。目的、目標も明確にできない」。

まあまあ、やばいわけです。逆に私が得意なことは、察するということです。これも幼いときに身についたことで、「姉の言った一言で父が怒りそう！」と思えば、間髪入れずおどけてみせたりして、父の機嫌を直し灰皿が飛んでくることを回避しました。雇用されていたときも、上司が何を考え、私に何をしてもらいたいのかを察することには長けていたので、そのような点で目上の人から可愛がっていただくことが多かったように思います。

経営の本来の目的はなんですか

このように「伝える。表明する。宣言する。明確化する」ことが未熟な私でしたが、ここでも三山の登場により、少しずつ変化することができました。私を含めスタッフ数が4名となり、今にも倒産しそうな状況のとき、「今後の会社の未来について話し合いましょう！」と三山がミーティングの日時を半ば強引に提案してくるのです。その強引さに戸惑いながらも、4人でサロンや自宅で朝方まで話し合うことが増えて、その場で私は様々な質問を受けました。

「社長はこの会社をなぜつくったのですか」「社長はこの会社で何をしたいですか」「社長はスタ

ッフにどうなってほしいと思っていますか」「社長が大切にしていることはどんなことですか」と質問が続いていきます。

そんなことを社員に真剣に聞かれたことは初めてでした。「話すことが苦手なのに、めっちゃ突っ込んでくる」、「こっちは資金繰りでそれどころじゃないんだけど」「でも、私より、誰よりも真剣だな」「誠実に答えなければいけないな」と思わせてくれました。拙いながらも、思っていることをたどたどしくも答えていったと思います。

資金繰りのための経営ではないことを思い出させてくれた人

すると今度は「社長、社長の思いや気持ちはわかりました。では、今、実際に会社にお金はどの程度ありますか」と聞いてきます。「えー！　そこまで聞いてくるのー！」「借金だらけで全然ないんやけど」と思いながらも、わずかながらの手元資金の金額を伝えました。

「社長、よくわかりました。では、お二人！　うちの会社にお金はありません！　会社の危機です！今会社がこの状況にあるのは社長だけの責任ではありません。共に長年、社長の元で働いてきたお二人にも責任があります。私は入社してわずか半年ですが、お二人よりも社長の想い、会社のことを考えていると自負しています。お二人はいかがですか？　会社をよりよくして続けていきたいと思われますか？」と熱意をもって2名の社員に問うのです。

もうそれはそれはハラハラしました。こんな正論でぶつかってくる人にはじめて出会ったからです。しかも入社して半年足らずの社員が長年勤めているスタッフに詰め寄っているのですから。その気迫に押され、２名の社員も「はい。会社を創っていきたいです」と応えてくれました。

「わかりました。では、私はみなさんよりも美容業界に長くいて、大手に勤めていたからこそわかっていることも多いです。なので厳しいこともお伝えしていきますが、真剣にやるのでお二人も当事者意識を持って、現場のことを真剣にやってください」と言って、サロンの改善点、課題、どうあるべきかを説いてくれました。

　例えばそれは、予約表に一本線を引くときは定規を使って書くことだったり、在庫のチェックは毎日することであったり、施術ときの商材の適正な使用量であったり、私に対する礼儀であったり、スタッフの髪型や、制服の着用のあり方であったり、お客様への接客、クレームをいただいた際の対応やサロンの備品の取り扱いなどに至るまですべてを正してもらったのです。

　実際にその頃のサロンがどうであったかというと、

「予約表はなんて書いてあるのか、わからないような状態」

「在庫の管理は杜撰で在庫数が合わなくてもまぁいっか」

「エステ商材は多めに出しておいて、使用せずに余っていたら捨てればいいよね」

「お客様が来店していても、平気で自分たちの都合でお待たせする」

「社長に対して友達かのような振る舞いをする」

「施術をしていたら、崩れてくるようなヘアセットをしている」

「制服が汚れていても気にしない」

「クレームをいただいてもその場しのぎの対応力しかない」

「会社の備品やものであるにも関わらず私物化している」などひどい有様だったのです。

その反面、エステの大会で技術グランプリを受賞していたり、顧客満足度調査で九州1位を獲得したりと周りから賞賛されることも過去多くありました。2人の社員たちからは「私たちはすごい！こんなに周りからも褒められているのに定規がどうとか、在庫がどうとか、髪型とかも関係ないし！細かすぎるやろ！」と反発があったことも事実でした。

それでも毎日根気強く、三山が話していくのです。2人が反発しても、泣いても、スルーしようとしても、絶対に譲りませんでした。そんな毎日を目の当たりにするようになり、そして2人が少しずつ変化をしていく様子を見て、私は「自分の会社、社員に対してどこか他人事なところがあったな」、「もっと熱意を持って社長として、拙くてもいいから想いを語っていこう」と思うようになりました。

私を幸せにするのは私自身

現在、弊社の行動指針にはこのように書かれています。

「私を幸せにするのは私自身。

関わるすべての人の幸せを実現するためにはまずは自分自身からよくしていきましょう。

私をよくしていくためには誰かの変化をまたず私が発する言葉、行動が幸せに繋がるようにまずは私から最初の一歩を踏み出しましょう。

私をよくしていくのは私自身でよくしていきましょう。

私たちの会社は私たちでよくしていきましょう。

私たちの業界は私たちでよくしていきましょう。

1人ひとりのエステティシャンの輝きがいい人生になり、いい会社をつくり、いい業界を創ると信じます」

どんなことでも他人事ではなく、当事者意識を持ち、自分のこととして考え、行動することが大切です。「会社の中で私が任せられた仕事じゃないから関係ないな」とどこか他人事として当たり障りのない関わり方では、よい会社は創れません。その社員の人としてのあり方が透けて見えるからです。

逆に同じ会社の同志として、本気で心配する、本気で指導する、自分のことのように責任を持つ。結果、信頼できる人間関係の構築ができ、やりがいやこころからの充足感を得ることができると思います。すべてのことは自分のあり方次第です。

今でも人前で話すことは苦手です。でも昔と違って今は経営者として、みんなを幸せにしたいと思い、全うしています。また、勉強会やセミナーで登壇するときは、お世話になっている主催者の方に恩返しをしたい気持ちや、来場してくださるエステサロンオーナーの方々のお役に少しでも立てればという想いでお話をしています。会社は違えど、美容業界に携わる当事者意識の元、お役に立てることがあれば、私自身幸せだからです。

2　女性が社会の力になる

女性の感性

うちの会社は全社員が女性です。そしてお客様もほぼ100パーセント女性です。ということは女性の思考や感性を充分把握した上でサービスを提供し、社員育成をしたほうがよいことが今ならわかります。

一方、日本の経営者全体の中で、女性経営者はたったの6パーセントほど。日本にはまだまだ女性経営者の数が少ないというのが現実です。経営者の世界は男性社会であることのほうが多いわけですから、会社の中と外では同じことを伝えるにも少し勝手が違うと感じています。

例えば、男性相手にやりたいこと、やってもらいたいことを話すときには最終着地点を話して、最短で着地するための計画を、その後に数字と理屈を合わせて論理的に、なおかつ想いを語るとスムーズにいくように思います。

実は私はこの伝え方のほうが得意ですし、自分にストレスがかかりません。男性はできるできないの答えも早いように思います。

女性経営者から女性社員への伝え方

これが社内で女性相手になると、少し勝手が違ってきます。最初に着地点から話そうものなら、一瞬で怪訝な表情や反発心が芽生えていることがわかります。女性は共感を大切にしています。また公平感も大切です。なぜそうしようと思ったのか、私がどんな感情なのか、今あなたはどんな感情かなどの気持ちを大切にして話すようにしています。

これは私があまり持ち合わせていない要素なので、今でも非常に努力しています。男っぽいやり方では通用しないことが多いのです。

実際、女性は納得しないと、なかなか実行に移しません。私には「わかりました！」と表面上で納得した様子であっても、後から社員同士で、「あの件、どう思う？　私はこう思った！」という風に感情の確認作業をしています（笑）。そこで不安や不満が出てくると、今度はその火消しをすることに労力を費やす必要が出てきます。

また、自分1人だけ聞かされていなかった！　とならないように情報や意向を知らせるようにしています。ですので、やりたいことがあり、社員のみんなにそれを納得して実行してもらいたいときは、事前に情報を小出しにして、複数回それとなく話していくようにしています。

そして実際にみんなの前でこれからこんなことをやっていくと話す頃には、「あ！　それ社長から何度か聞かされていたことだ！」と思える感情の余裕を持ってもらえるので、結果的に早く同意を得られるからです。

女性の共感力

この女性特有の、おしゃべりをして共有、共感をする特性が逆を返すと、女性ならではの強みでもあるのです。

例えばエステサロンという仕事に関しても、女性の持つ共感する力があるからこそ、お客様のお悩みに共感し、なんとか理想の状態へと導いてさしあげたいと思うのです。「今月の目標数字は○○円だから販売しよう！」とはなりません。お客様を助けたい、お客様からありがとうと言われることが嬉しいが先に来るのです。

また、女性のおしゃべりの力があるからこそ、いいものと感じたら、「みんなに教えてあげたい！」「教えて喜んでもらえることが嬉しい！」になり、口コミとして勝手に広がっていくのです。加えて、女性ならではの繊細さ、まめさも素晴らしい強みです。

女性が活躍する時代が来る

実際にこれから先、少子高齢化が進むにつれて、仕事をする人口は減少しますので、必然的に男性も女性も仕事で活躍してもらうことが大切になります。今はまだまだ男性社会ですが、女性の素晴らしい資質を活かした企業づくりも今後もっと必要となりそうです。とはいえ、女性も感情を全面に押し出してくるやり方では仕事が進まないことも事実です。

「一生懸命やってお客様も喜んでくれたから、契約にならなくても満足です」と言ってきたり、ルールで「ダメだ」と決まっていることなのに、「社長は気持ちをわかってくれない。私は自分なりに頑張っているのに」など、仕事よりも自己の感情を優先するようでは困るのです。

また、起業をしても、「自分がこのやり方がよいと思っているから！　これだけの時間と想いをかけていたから！」という変なこだわりで、成果が出ていないのに、うまくいかない原因を分析したりデータを用いて検証しようとせず、「多分来月はいけると思う！」などのイメージで、ずっと同じ方法でやり続けようとするのは無理があります。

うまくいっていないのに同じことを繰り返して、違う未来を望むことは異常とも言えます。男性的な感覚、考え方も持ち合わせることで、スムーズな仕事ができ、より強い組織、会社がつくっていけると思います。

起業を考えている女性は、特に女性としての資質を活かしつつ、男性だったらどう考え行動するかも考えてみるとよいと思います（逆も然り）。

これらのこともあり、弊社ではコミュニケーションを大切にし、齟齬がないよう時間をかけて話し合うことを心がけています。

それとは別にルール化できるものはルールとして、感情抜きで遵守してもらうようにして、女性100パーセントの組織でも、成果を出し、目標達成できる組織づくりを行っています。

女性の職場では、経営サイドが女性社員の状況や想いを理解しながら、一方で「女性だから」を言い訳にさせないようにしましょう。「働くとは」のあり方を自社で伴わせていくことが大切です。

3　社員が働きやすい環境を整えるために

退職の理由

色々な失敗をしながらもスタッフ数が４名から、10名を超えるようになってきた頃、再度、人の育成のことで悩むことが多くなりました。新人として入ってきた社員が数か月、1年経ち、エステティシャンとしても育ってきた頃に「社長、お話があります」と言われます。このお話があります、というのはおおかた退職の意向であることが多いのです。

毎回、退職したいと言われると、頭をがつんと殴られるような、心臓をえぐられるような、なんともさみしい気持ちになるのです。「自分なりには一生懸命やったんだけどな」「いつも思っているし、いつも考えてるし、それでも辞めたいんだ」と夜布団に入っても眠れない日が続きます。

退職理由は様々でしたが、今思えば結論、長く働きたいと思える会社ではなかったのだと思います。人が育つ会社にするためには、創業者の起業するに至った背景や、想い、理念や、未来を描けるビジョン、行動指針があり、それがいかに社員に浸透して、毎日の業務に活かされているのかが重要だと言われています。

当時はとにかく社員の給与や借入の返済に追われ、同時に人が育っていないので、自分がプレイヤーとして毎日現場に立って売上をつくっていました。

そんな中、退職したい社員から、次のように言われました。

「この会社に入って学びがとても多くて、そこには大変感謝しています。ただ、ルールが曖昧で何が正しいやり方なのかがわからないことが多く、今後長く勤めてもどのように成長できるのかが見えないので、別の会社で働こうと思います」という趣旨のことを言われました。

私からすると、「ルールなんてない方が働きやすいんじゃないの？」と思っていたのですが、どうやらルールがあるほうが働きやすいようなのです。また、日本人という観点から見ても、規律を大切にしながら生きることはストレスを感じにくい国民性なのだそうです。ルールを遵守しながら、周りの人と共生をしていくことが日本人は得意なようです。

また、働く人にとっては何を、どんな基準で行い、結果を出すとどのように評価されるのかが非常に大切であることもわかりました。

社内ルールで価値観を統一する

そこで評価制度、社内ルールを作成することにしました。いざ作成しようと思うと、これには大変苦戦しました。実際に組織でルールや評価制度に基づいて働いてきた方には当たり前のことかもしれません。ですが、私は起業前に正社員で2年程度しか一般企業で働いたことがないのです。そして、評価制度というものも経験したことがありませんでした。さらに育った環境もあると思いますが、「ルールなんてくそくらえ！」だと思っていました。

幼稚園のときにみんなで神社にいくことがありました。みんなでお賽銭を入れて手を合わせましょうと言われ、「え？　絶対いやだ。なんか気持ち悪い！」と思い、一人体操座りをして断固拒否しました。

小学1年生のときの通信簿に書かれた先生からのコメントには、大人の中で育ったせいか子供らしくありません。周りのお友達と子供らしく一緒に遊ぶようにご家庭でもお話してみてください。と書かれていました（笑）。子供ながらに、「なんで一緒に遊ばないけんとよ？　先生って子供っぽいなー」と思ったものです。

また、高校生のときは毎日お昼に学校へ登校。学年一、遅刻が多い生徒でした。大学に入るも、「親に学費払ってもらって学んでも1円の得にもならんやん」と思い、1年生の夏に中退しました（これにはさすがに父も口をあんぐりさせていました）。化粧品会社に就職したときには、外でサンプリングをするイベント業務が急遽あり、「就職時に仕事内容として外でサンプリングがあるなんて聞いてないので私はしません」と言って、大目玉を食らいました。

でもそのときに、私がサンプリング業務をしなかったため、チーム全員に連帯責任が課され、「私1人の問題じゃないんだな」「仕事で人に迷惑を掛けるようなことは止めないといけない」とお給料をいただく意味に気づいたものです。また、「マイカー通勤はダメなのに、ばれなければいいや！」と毎日マイカー通勤をして、最終的に上司にばれてしまい始末書を書いたこともあります。

そもそもルールも守れない、協調性もない人間だったので、ルールがないのが嫌という意見がはじめはピンと来なかったのです。

会社には色々な個性を持った人間が集まります。そこで各々の自由で会社がうまくいくわけがありません。お客様にいただいている金額に見合った価値を提供しなければならないからです。

会社の目的、業績の目標、会社を維持するために行わなければならないことが多くあります。私のように、自分の価値観で「その業務は好きなのでやります」、「その業務は聞いてないし、やりたくないのでやりません！」と個々の価値観で好き勝手していては会社の存続に関わります。「ダメだよ！」と決まっているルールを無視して、マイカー通勤して事故にでもあったときには会社に迷惑をかけることにもなるのです。

また、「あの人はよくて、私はダメなの？」と不満に思う社員も出てくるでしょう。そのような個々の感情でみんなが動いていたら、「いつも私ばかり仕事の負担が多いです！」「何度注意しても○○さんが期日に間に合わせない仕事のやり方をします！」「掃除をしてと言ってるのに、ここだけしかやってないんです」など価値観が統一、共有されていないので、みんな自分の価値観で仕事をしだします。

こんな会社はうまくいくわけがないです。はじめはルールそのものもよちよち歩きですが、つくってはやってみて、「やっぱりこっちに変えたほうがいいかな？」とブラッシュアップしていきましょう。

私もこの繰り返しで社内ルールをつくっていきました。働きやすい成果の出やすい組織に変化していけたと思います。

では、次に社内ルールの中からいくつか抜粋して紹介します。

エステティシャンとしての身だしなみ

・9時45分までに身だしなみを整え、前、後ろからの写真をLINEにて提出すること。
・髪型は毛先を中に入れたアップスタイル、もしくは毛先を巻き、1つにまとめるスタイルとする。
・自分に合ったメイクを行い、健康的で華やかな印象の仕上がりにすること。
・お客様に安心してお任せいただけるよう、幼くならないように身だしなみを整える。
・爪は短くしお肌に傷をつけないよう、ヤスリ等で丸く整えること。
・まつげエクステ可。つけまつげは応相談。喫煙不可。
・制服はいつも清潔にし、しみや汚れがないようメンテナンスを行うこと。
・脚には肌色のストッキングか黒の50デニール以上のタイツを着用する。
・制服の柔軟剤による香害に注意し、柔軟剤は使用しないこと。
・指輪、腕時計、ピアス、ネックレス、香水は不可。

以上のことを社内で確認しあい、より美しく見えるように互いにアドバイスしあうこと。

また社内での食事の際は匂いのあるものは不可。自宅でもにんにく等お客様、スタッフに不快感を与える食事は不可とし、お客様が心地よく過ごせるよう努めること。

お客様との関係性

・お客様からの頂き物は、例え個人的にいただいたとしてもサロン全体で分配する。
・またその際、社長、マネージャーにもサロンごとにＬＩＮＥで報告を行うこと。
・お客様と個人的にＬＩＮＥ交換や連絡先の交換不可。ＳＮＳのＤＭやメッセンジャーなどでもやりとりも不可。
・社外でお客様や取引先と個人的にお会いすることも不可。
・社外でお客様の話題は業務上であっても一切行ってはならない。
・会社のお客様であり、スタッフ個人のお客様ではないことを忘れてはならない。

など、ルールを定め、誰もが理解、実行できるようにしています。

ルールづくりで働きやすい環境を

身だしなみ写真を送付するルールを定める前は、すっぴんで髪も整えず慌てて出勤しタイムカードを押した後にメイクを行う役職者などもいました。その役職者は部下からも当然信用されず、サロンの雰囲気を悪くしていました。

また、お客様と懇意になり、誕生日プレゼント等をお客様からいただいたことを申し出ない社員がいました。プレゼントの中身に商品券を送ってくださった方もいて、個人的に金銭をいただいたことにより、そのお客様へのお返しの気持ちとしてエステのオプションを内緒で付けていました。

このようにルールがないことで、個人の自己中心的な行動が起こり、会社を駄目にしてしまうことがあります。ルールは一見堅苦しいようにも見えますが、個人の価値観で、あれこれと考えて迷うことがなくなります。やるべきことに集中ができるので、働きやすい環境を整えるためには大切なことです。

評価制度で組織を活性化

「ルールづくりと同時に評価制度も整えていこう！」と思い、着手しました。

まず私がやったことは、売上の成果に応じてインセンティブ（歩合給）を支給するというものです。わかりやすくて、頑張ったらお給料が増えて、最高だと思ったものです。ですが、このやり方はやっていくうちに、どうも個人プレーが目立つようになりました。

「私のお客様は私のもの！」「あなたのお客様は私は知らない！」とまではいきませんが、自分のお客様ばかりに集中し、「チームで協力して目標を達成しよう！」や「サロン全体を見て、不具合がないか」「お客様へ目配り気配りができているか、よい雰囲気を醸し出せているか」などが疎かになっているように思えました。

また、売上で成果を出しているスタッフの中には、私は売上をつくっているから偉いと言わんばかりに、基本の業務をやらないスタッフも出てきました。成果を出せば何をしてもよいわけではないのにです。

さらに売上がつくれないスタッフは評価をされにくくなり、働きがいや仕事の楽しさよりも居心地の悪さや自分は役に立ってないのではないか？　と思うスタッフも出てきました。「みんなにやりがいを持ってもらい末長く働いて欲しいのに」と思ってのことだったのに、これでは評価制度をつくった意味がありません。

評価制度3つの柱

そこでうちの会社では左記のように大きく、3つの柱で評価をしていくことにしました。

①売上の成果
②基本業務（技術、知識、接客接遇、基本のルーティン、社内ルール）が正しくやれているか
③理念・方針・指針に沿った勤務姿勢で社員としての会社と同じ方向にあるか

特に③の「理念、方針、指針に沿った勤務姿勢、あり方」の部分を非常に大切にしています。②の基本業務では上司は部下に主に仕事のやり方を教えていきます。「正しいやり方はこうですよ」「ルールも決まっていますよ」「教えたとおりにやってくださいね！」というものです。

先日もこんなことがありました。入社してまだ間もない新人スタッフが日報を提出する時間を守らなかったのです。上司が1度2度、注意をしましたが、その翌日も日報提出が遅れました。

そして新人スタッフ曰く、日報を時間通りに出す意味がわからないと言うのです。社会人として、ルールを守れないことはＮＧです。では上司は新人社員にどのようにあり方を教えていくのかが大

切になります。

新人スタッフのうちは、成果を出し貢献することはまずできません。それどころかお給料をいただきながら、社会人として仕事を学び、仕事を通じて、人としての成長をさせていただいているのです。まだまだエステでお客様を幸せにもできません。人のために尽くすことも足りません。

日報は本日学んだこと、反省と課題、感想に感謝を記せるものです。今日1日を通して、どんな感想を持ちましたか？　想いを持って育ててくれる上司や先輩に感謝の気持ちはありますか？　感謝とは自分にできることを一生懸命すること、そして感想を述べることは相手に対しての最低限の礼儀である。「うちの会社では感謝と礼儀を持った人材を求めているよ」とうちの会社が大切にしているあり方を説いていくようにしています。

幹部の理念浸透に注力する

このあり方はまず幹部に理念がどれだけ浸透しているかが重要になってきます。会社の理念、あり方が幹部に浸透していなければ、上司はやり方ばかりを教えてしまい、本来大切にしている想いや会社の目的が薄れてしまうからです。

弊社でも理念浸透には今一番力を入れて、月に2回、私が直接理念についてお話する機会とアチーブメントの理念浸透プログラムを用いて、幹部が学べる場をつくっています。特に現場で何か人の問題があるときはこのあり方の考え方が上司と部下とで伴っていないことが多いと感じます。

【図表３　美食の会】

本音で話す美食の会

また、研修で学ぶこと以外にも、美食の会というものを催しています。これは私と幹部がともに食事して、お酒を飲みながら本音で話をする場です。いつもは話しにくいことも場所が変わり、美味しいものを食べるとリラックスして、大いに盛り上がり長いときは８時間以上も話が尽きないこともあります。

また、エステという安価ではない価値あるものを提供している会社です。お客様の目的によっては、数十万円を超えるものをご契約いただくこともあります。

では逆に私たちはどうなのか？　と思ったときに一流と言われるサービスを業種は違えど、経験してほしいと思っています。

そのため美食の会と称し、一流のお料理に触れ、一流のサービスを経験し、そのお店の素晴らしかったこと、学びになったことなども後日意見交換をし、自社に活かせるようにしています。

4　信頼関係が組織にもたらす影響とは

社員旅行で築く信頼関係

昨年、店長旅行でインドネシアのバリ島に行ってきました。これは役職者の研修旅行として企画したものです。役職につく社員が8名程に増えたときに、リーダーとして頑張ってくれている社員を労いたい気持ちと、まだまだ各店舗の店長同士の信頼関係が構築されていないことも気がかりだったからです。

私の会社は5店舗すべて趣が異なります。フェイシャルサロン、痩身サロン、ブライダルエステサロン、ホテルスパ、一軒家の隠れ家サロン、商業施設のサロンというように、専門店化をしていて、サロンの内装や雰囲気も各店舗で異なるつくりにしています。

これは福岡という街で全く同じ内容、同じカラーのサロンを経営するよりも、福岡の女性の様々なニーズに幅広く対応したい思いがあったからです。お店の名前も全部バラバラです。その分、大変なことも多いです。提供するエステも各店舗によって異なりますので、会社全体で見るとエステの種類が多くなることで、手間暇とコストもかかります。

各店舗でそれぞれ異なる戦略を立て、店長たちがサロンの長として日々奮闘してくれています。今では、各サロンの成功事例やアイデアを持ち寄り店長同士でよいことは真似しあったり、反省点なども共有し、それぞれのサロン運営に役立てています。

今でこそ活発なディスカッションができ、店長たちと飲みに行っても、10時間近く話が止まない組織になりましたが、数年前まではみんな借りてきた猫のように大人しく、会議をしても意見が出ないような組織でした。

モチベーションマップ

なんとか店長間でも、もっと活発な意見交換ができる組織にならないか。会社の未来を一緒になって、「当事者意識で考えてくれる店長たちになってもらいたいな！」と思い、店長旅行の内容を考えました。エステティシャンですから、バリでのバリニーズエステは必須です。ホテル選びに、食事、アクティビティなども盛りだくさんに、非日常を楽しんでもらえるように計画しました。会社とは違う場所、時間を過ごし、リラックスしてもらい本音で話したかったからです。

また、何かお互いをわかり合えるいい案がないかと思い、船井総合研究所の担当の楠本さんに聞いてみたところ、モチベーションマップというものを使ってみてはどうかと教えてもらいました。

これは幼少期から現在に至るまで自分の人生を振り返って、よかったとき、不調だったときをマップにして書いていくものです。

例えば、小さいときは両親が共働きでさみしい思いをすることが多かった。

中学校では生徒会に入り仲間と活動していて楽しかった。受験で失敗して暗黒時代だった。

結婚して幸せの絶頂！

子どもが生まれて改めて両親のありがたさを感じた。

家族を事故で亡くした。

自分が病気になってしまった。

など、誰しもが喜び悲しみ怒り楽しさなど様々な経験をして生きています。その人生の経験をマップにしてもらい、その経験を通じて転機になったことや、そこからどう自分が変化したり成長したかなどを話してもらいます。一見、不運に思うことでもそのことにより、考え方が変わったり、人生観に変化が出たり、その後の人生をよりよく生きるための転機になることもあります。

また、その人の話を聞いた周りのスタッフも感想や質問をする時間を設けました。

本来は1人の持ち時間は30分ほどでしたが、1人ひとりの人生を振り返ると、とても30分では話し尽くせず、1人2時間は優に超えてしまうほどになりました。

自己開示で人のお役に立てる

結果は人間関係がよくなり、意思疎通ができるようになり、仲間として繋がる力が増しました。

意外にも悩みや抱えている心の問題を人に言えず、1人で抱え込んでいる人は少なくありません。

こんな話を人にしたらどう思われるのだろう。

こんなことを抱えているのは、私以外にはきっといないだろう。

【図表４　バリへ社員旅行】

お金や、病気、死、夫婦関係、家族関係、暴力やトラブルなど、なかなか安易に言えないことがあります。そして、どんどん自分の殻に閉じこもってしまうことになります。

逆に仲間同士で、「こんなことを抱えてる。こんな経験をした」と自己開示しあうことで、「○○さんの話を聞いて、自分だったら立ち直れないと思った。だけど、抱えながらも、今、こうやって毎日お客様のことを大切にしている○○さんはすごい！」とリスペクトとともに、生きる勇気や希望をもらうこともあるのです。

さらに自分が今まで抱えていたことを自己開示することで、「人のお役に立てる」ことを知ったときに、その人の過去の事実に対する解釈が変わります。

過去は変えられないと言われますが、解釈は変えられるので＝過去は変えられるともいえます。

あのとき、あの経験があったからこそ、学びとなり自分が成長できたと思えたときから、過去の出来事に感謝できるようになります。

モチベーションマップ、大切な仲間と行ってみると楽しいです。

本質を知る・本音で向き合う

よく知らない人のことは勝手な想像で、「多分こんな人なんだろうな」と思ってしまうことは誰しもあると思います。私の場合もあるあるですが、「あんまり苦労とかしてなくて、めっちゃ女子っぽくてカマトトぶって多分嫌な奴だろう」と思われていることが多かったです。実際に会って話す機会があると、「でもそう思ってたけど、話したら、中身おじさんだった。しかもまぁまぁ、色々苦労もしてたんだね！」と見方が変わり、すごく仲良くなるケースも多いのです。

逆もそうで、私も勝手な憶測で、「あの人は多分、きっと、絶対！ 私とは合いそうにないな！」と思い込んでしまうこともあります。だけど実際に話してみると、意外なほど話が合い大好きになるケースもあります。

人とつながる・つなぐ

「知らない」「わからない」って少し怖かったり慎重になったりします。私の会社でも店長間でどこまで本音で話していいのだろう、とバリアを張っている店長がいたり、相手のことは色々聞けるのに自分のこととなると、話すことを躊躇したりする店長もいました。

またある店長は、店長になって1年ほど経ったときに、「実は以前の職場での経験から上司に対しての信用ができなくなっていた自分がいて、それでずっと社長のこともマネージャーのことも信用していませんでした。けど、人に対して疑心暗鬼になる自分から変えていきます」とカミングアウトと表明をしてくれました。

この店長はすごく仕事ができるスタッフなのですが、ずっと本音で話すことができませんでした。そのため部下とも円滑なコミュニケーションが取れず、人間関係で課題を抱えていました。1年かけて何度も何度も、マネージャーが本気で向き合い、店長も変化した瞬間でした。

本音で向き合わないことが、自分が抱えているサロンの問題点につながっていることに気づき、まずは私とマネージャーに向き合うこと、信用してみることから始めたと言います。今、この店長は人間力が高まり、部下からも尊敬され、信頼される店長へと成長しています。

先日この店長から「社長！　この写真みてください！　私の入社した頃の写真です！　顔が死んでますよね（笑）。めっちゃ不幸感漂わせてますよね！　今と全然違いますよね！」と写真を見せてもらいました。店長たちみんなでその変わりように大笑いしました。心のあり方の違いでここまで人の顔や表情、雰囲気までもが変わるのだなと改めて実感しました。

経営者の背景で会社の存在意義はつくられる

私自身も本書で述べているように、自分のことを話すことは得意ではありません。どんな風に生まれ育ち、何を考え、経験して今があるのか。私は7人兄妹の末っ子として生まれ、幼少期は食べることにも困るくらい貧乏。在日韓国人でお見合い結婚することが嫌で、思い立って起業したわけです。また、お金がなかったので銀行のみならず、消費者金融にまで手を出し、スタッフの一斉退社やメーカーの倒産や、裁判など様々な試練もありました。

これら経営者の背景が会社のあり方をつくっているわけですから、社員には包み隠さず自己開示をしています。だからこそ、「女性の自立と活躍を応援できる会社にみんなでつくり上げていこう！」「スタッフが物心両面で幸せになる会社。そして関わるすべての女性をヒロインにしよう！」と発しています。

大切な人の背景を知ること、理解すること。また大切な人に自己を知ってもらうこと。両方がとても大切だと感じています。今までの自身の人生を振り返り、何を目的にして未来をつくっていくのかを改めて考えてみてはいかがでしょうか。

5　幹部と共に一枚岩の組織をつくる

ビジョン経営のすすめ

役職に就く社員が増え、今までの会社の成り立ち、部下のこと、サロンのこと、会社のこと、未来のこと。これらを役職者に話す機会がぐっと増えてきました。

役職者からは、「お客様からお喜びの声をもらいました！」「今日○○さんがこんな成長をして嬉しかったです！」という実りある話や、「今こんなことで壁にぶつかっています」「○○さんがこんなことで悩んでいます」などの相談などが多いのです。

私たちはいつどんなときでも、最終的にどんな会社にしたいのか、どんな自分でいたいのか、どんな○○さんであってほしいのかを話し合うようにしています。このことが私と役職者の間で一致しているので、今はほぼブレることがありません。あり方を再確認した後はやり方の問題だけです。

以前はまるで一致していませんでした。役職者と話をしていても、「私個人としてはこう思います」「社長の言っていることがよくわかりません」といった具合で、個人の感情や考えで物事が進んでいくのです。私の思うように進まないのです。そこで悩むことになり、三山に「私の思っていることを社員にわかる表現に訳してもらう」ことをしてもらい、やっと話が通じるという具合です。

「なんとなく社長の想いはわかるけど、抽象的だ」と社員は思っていたそうです。自分の頭の中だけで未来を描いている状態だったので、社員は理解ができなかったわけです。ビジョンを適切な表現に変えていく必要がありました。

そこで、きちんと言葉と数字で表していくことに決めました。ビジョンを言葉と数字で表すことによって、はじめて経営者と社員の価値観、考え方がずれることなく、一致することができてきました。

経営計画発表会とは

まず始めたことは、「経営計画発表会をしてみる」ということです。とは言っても、経営計画発表会というものを聞いたことはあっても、実際に経営計画書を手にしたことも経営計画発表会を見たこともありません。

そこで全国で数百店舗を展開している会社にお願いに行き、経営計画発表会に参加させていただく機会に恵まれました。それも私と三山と店長2人の計4名で、図々しくも参加させていただくことができたのです。

場所はリッツカールトン大阪。数百店舗の社員様が一堂に会し、会社の理念や行動指針などを唱和されていました。また、社長より今期の方針、数字、スケジュールや人事なども発表がなされていました。実際に手帳型の経営計画書も手に取らせていただき、どんなことが書かれているのかを拝見することもできました。経営計画発表会の後は懇親会が行われ、社員の皆様が余興やゲームを存分に楽しまれていました。

「私もこんな会社で働きたい！」「こんな会社にしたい！」と思うと同時に、私は社員に何も伝える努力をしてこなかったことに恥ずかしくなりました。また「こんな経営計画発表会、私にはできない」と思ったことも事実です。1年ならまだしも、5年も10年も先のビジョンや計画なんてありません。そもそも私は1年間の年間スケジュールさえ決められませんでした。

「理念はあるけど、この理念のままでいいんだろうか」「何よりも、全然言うこと聞かないで、勝手なことをする社員もいるのに、経営計画書をつくって発表したからと言って、変わるんだろうか」などやれない理由が多く浮かんできました。

そんな中、その会社の社長より、3つのアドバイスをいただきました。

「まずは社長自らがしっかりと目標、計画と向き合い計画書をつくってみること」
「どんな会社にしたいのかをはっきりさせること」
「その上で最初から完璧にできなくで大丈夫なので、まずはやってみること」

まずはやってみることからはじめてみよう

最初はコピー用紙数枚に手書きで、1年間の数字目標、スケジュール、想いを綴ることからスタートしました。気恥ずかしかったので、なんちゃって発表会をまずは数名の社員に聞いてもらいました。伝わったかどうかは別として、なんとなく社長が変わろうとしていることは感じてくれたと思います。

そんなことを繰り返していく中で、創業からの出来事を振り返ったり、今の課題が明確になったり、1人ひとりの社員の顔が思い浮かんで、どんな会社にしていきたいのかのイメージが年々湧いてくるようになったのが本当のところです。その上で改めて会社の理念、ビジョン、行動指針をつくり直しました。

その後、月に一度の全体会議（社員全員で会議や研修を行う）で少しずつ、理念やビジョンを話すようにしました。また役職者会議（マネージャー、店長、副店長が集まる会議）を月に1度から4度に増やし、理念とビジョンを共有する場を増やしました。回数を増やし、繰り返すことで次第に全員の価値観、考え方、判断が伴ってくるようになるのです。

会議を増やすと必然的に営業時間が減るのですが、理念とビジョンの共有で、会社として大切なものが何か。ゴールはどこかを明確にし、みんなで同じ方向に向かって進んでいるため、業務の要、不要の判断も的確となり、業績もブレずに安定するようになりました。

社員と創る会社づくり

現在、経営計画を作成する際は、社員全員で参加してつくるようにしています。「最終的にこの経営計画書は自分もつくった！」と主体性を持ってほしいからです。

まずは私が役職者たちに想いと経営方針を伝えます。その後、役職者は各店舗に持ち帰り、各店舗で共有してもらいます。その上で各店舗、各個人ごとに数値目標、今期のテーマ、課題、年間スケジュールなどを作成してもらいます（フォーマットは全店共通とし記入してもらう）。それを更に役職者会議で煮詰めて、最後に私がもう一度これでいいのかを見直して、経営計画書として完成させます。

経営計画発表会では私から経営計画、想い、テーマ、方針、スケジュール、人事などの発表を2時間ほど。その後、店舗ごとにおよそ20分で発表を行ってもらいますが、店舗のカラーが出てすごく面白いです。人情味溢れる店舗、真面目できりっとしている店舗、和気藹々と小芝居をはさみながら発表する店舗など、それぞれの魅力があります。発表会に向けて気合いを入れて毎日練習するほどです。当日、お互いの店舗の発表を見ることで、「あ！　それいいね！　真似してみよう！」

と思うこともあれば、「チームでまとまってないところがあるかも？」と他店から感想をもらうこともあり、よし悪し気づくことができます。よい点は取り入れて、「あれ？」と思う点は改善していきます。

自分の役割や貢献度を知る機会になる

また、経営計画発表会では利益的な数字に関しても公となりますので、各店舗ごとの貢献値もわかるところとなります。前期の振り返り、成功事例を聞く中で、他店への感謝や自分以外への社員への感謝の気持ちも芽生えます。その中で自分の役割を把握、自覚すると同時に次の期への決意の場としても活用しています。

最初はサロンで行っていた発表会でしたが、現在はホテルの小さな会場を借りて催しています。違う環境で行うことで新鮮な気持ちと、１つ特別な意識を持ってもらえるようにしています。発表会の後は表彰式とパーティーを行い、豪華商品をかけてゲームをするなど大いに盛り上がる１日にしています。

経営計画書の項目例

・経営理念
・経営ビジョン
・現在の時流（外部環境と内部環境）

・前期の成果と反省
・目標数値
・方針
・主要施策
・行動計画
・年間スケジュール
・人事発表

このような項目で行っています（半年に一度）。とはいえ、弊社もまだまだ発展途上で毎年少しずつ進化させている状態です。年々よりよい会社づくりができるよう、内容も進化成長させていきたいものです。

経営計画は社員数、規模によっても様々です。外部講師や銀行の担当者や取引先など来賓を招いて発表会を行っている企業もあります。最初から「あれもこれも！」と思うとなかなか難しく感じますが、まずは経営計画書をつくることから、ぜひ始めてみてください。

発表会の準備そのものが社員の気持ちを1つにしていく効果があります。普段とは違う舞台に向けて、社員全員で協力して準備を行うことにも意義があります。準備の中で社員から色々なアイデアが出てくることもあり、普段の業務ではわからない新たな一面が垣間見えることもあります。発表会は会社全体の士気を高め、目的目標に向かって計画実行していく決意の1日にしましょう。

【図表５　経営理念】

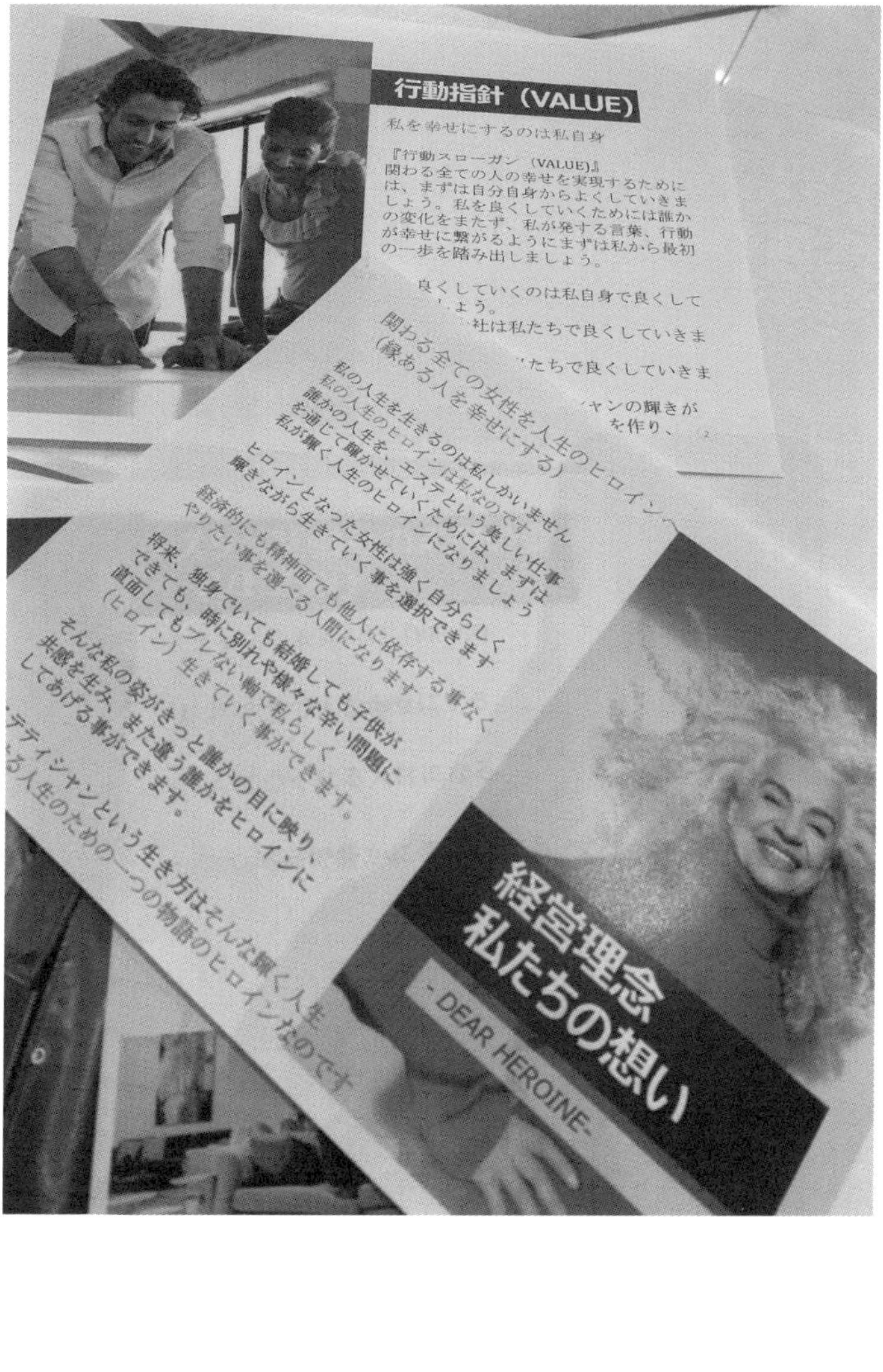
行動指針（VALUE）
私を幸せにするのは私自身
『行動スローガン（VALUE)』
関わる全ての人の幸せを実現するために
は、まずは自分自身からよくしていきま
しょう。私を良くしていくためには誰か
の変化をまたず、私が発する言葉、行動
が幸せに繋がるようにまずは私から最初
の一歩を踏み出しましょう。
関わる全ての女性を人生のヒロイン
（縁ある人を幸せにする）
私の人生を生きるのは私しかいません
私の人生のヒロインは私なのです
誰かの人生を、エステという美しい仕事
を通じて輝かせていくためには、まずは
私が輝く人生のヒロインになりましょう
ヒロインとなった女性は強く自分らしく
輝きながら生きていく事を選択できます
経済的にも精神面でも他人に依存する事なく
やりたい事を選べる人間になります
将来、独身でいても結婚しても子供が
できても、時に別れや様々な辛い問題に
直面してもブレない軸で私らしく
（ヒロイン）生きていく事ができます。
そんな私の姿がきっと誰かの目に映り、
共感を生み、また違う誰かをヒロインに
してあげる事ができます。
経営理念
私たちの想い
- DEAR HEROINE -

エマジェネティクスに基づいたプロファイル

エマジェネティクス（ＥＧ）という脳科学に基づいたプロファイルをご存知でしょうか？　生まれ持った遺伝的要素と成長していく過程での人生経験により形成されている、人の思考特性と行動特性を表したものです。大きくわけると4タイプに分類されます。分析型・構造型・社交型・コンセプト型とあり、このタイプによって物事の捉え方や実行の仕方が異なります。

例えば、旅行にいくときに、計画を立てる人もいれば、行き当たりばったりの人もいるでしょう。化粧品を購入するときに、「○○さんが使っていたから私も使ってみよう！」と思うタイプもいれば、成分を調べた上で購入する人もいます。その判断や行動はその人には普通のことなのです。

では、この、その人その人の「普通の概念」が仕事上で起こるとどうなるでしょうか。「あの上司の指示の意味がよくわかりません」「部下が全然言うことを聞いてくれません」ということが起こり、チームの雰囲気が悪くなります。この違いによる業務エラーをなくすためにも、社内の共通用語やルール、会社の方針、ビジョン、理念を明確にすることが大切です。

実際、私は社交性タイプで人との関係性を大切にし、サポートが好きな一方、人の気持ちを最優先するので、人に振り回されやすい傾向があります。当社の社員の7割は構造型で、計画通りに実行することが好きで、物事がきっちりと定められていることを望みます。逆に新しいアイデアには慎重です。タイプに基づき、特性を尊重したコミュニケーションを大切にしながら、ビジョン、理念、ルール、数値で表す計画書を大切にすることも組織には重要だとおわかりいただけると思います。

第5章

小さなご縁を大切にすると色々なことがうまくいく

1　出会いが運命を決める

エステティックグランプリとの出会い

起業して現在に至るまで、様々な出会いがありますが、「この出会いがなければ、うちの会社は17年続けてこれただろうか」と思う出会いがあります。

それがエステティックグランプリ（通称エスグラ）です。エステティックグランプリは共に学び共に成長し共に輝くの理念のもと、夢や誇りを持ったエステティシャンが日本を美しくするをスローガンに掲げて、エステティック業界の発展の礎となる活動を目指している団体です。

そして素晴らしいことに、全国の有志が集まりボランティアで運営を行い、また理念に共感し、「共に業界をよくしていこう！」と賛同してくださるサポーター企業様のおかげで成り立っています。「私たちの業界は私たちでよくしていこう！」という想いが集まったエスグラ。創業はたったの7人から始まり現在11期を迎え、全国の実行委員は約１８０人にもなりました。

エスグラでは地域勉強会を開催したり、技術、接客力を総合的に高めていけるよう、顧客満足度を測るモニター調査を行い、お客様がどう感じたかを知ることができます。参加したサロンさんは調査のフィードバックを見ることで、よい点も改善点も知ることができ、リピート率アップや業績向上に繋がっています。

お電話対応に始まり、来店時のお出迎えや個人情報の取り扱い、カウンセリングや清掃面、エステティシャンの施術時の対応などのフィードバックもいただけ、現在では全国約５００サロンがモニター調査を活用しています。

私は約９年前にエスグラに偶然にも出会うことができ、私が求めていたものがここにある！　と感激したことを今でも覚えています。起業をしても何年も家とサロンの往復で横の繋がりが全くなかった私にとって、エスグラの勉強会で教えてもらった事柄、出会う人たちは多いに学びになり、「ここにサロン繁栄のヒントがある！　たくさん吸収しよう！」と大興奮しました。

覆面調査で本当の顧客満足度がわかる

自分のサロンのことは意外とわからないものです。「お客様に喜んでもらえてるだろう」「私はできている」「スタッフは大丈夫！」は会社にとって命取りです。私だって食事に行って、「今日はいまいちだな」と思ったとしても、面と向かって「いまいちでした！」とは言えません。

そして「この前は、いまいちだったから、今日は別のお店に行こうかな」とそのお店には行かなくなります。そのためモニター調査で実際にお客様がどう感じたのか、フィードバックでわかることにいたく感激しました。

例えば、エステティシャンは施術に入る前には手を温めます。冷たい手で触れられると、お客様はびっくりしてしまうからです。うちのサロンでも手を温めることを徹底していました。

しかし、フィードバックには「手が冷たくて急に触れられたので、びっくりしてしまった」とあります。そして担当したエステティシャンに確認をすると、充分に温めて施術に入ったというのです。

実際にスタッフにどんなふうに対応しているのかをやってもらうと、しっかり温めているのに施術に入るときには確かに冷んやりしているのです。そして、「たしかにこれだとお客様は冷んやりして不快に感じると思う！」と私が感想を述べても、そのスタッフはそんなはずはないと納得しようとしません。他のスタッフも巻き込み、数人に体感してもらって、「ようやく自分の手って冷たいんだ」としぶしぶ納得した様子でした。

実はこのスタッフはエステティシャン歴20年以上のベテランです。自分が毎回お客様を冷やっとさせていたとは思ってもいなかったのです。モニター調査を受けず、お客様の声をいただかなかったとしたら、そのスタッフは今後何十年もお客様に不快な思いをさせていたかもしれません。

余談ですが、そのスタッフは毎年冬になると足がしもやけになっていたそうです。子どもの頃からずっとそうだったので、自分では普通のことだと思い込んでいたそうです。そして自分で自分の身体が冷えていることも感じなかったと言います。

「手を温めても、すぐに冷たくなるのはなんでだろう？」とヒアリングをしたことでわかりました。その後、身体を温める食事を積極的に摂り、身体を冷やす食材は控えたり、身体を動かすことを意識していき、段々と冷えない身体へと変化していきました。お客様の声をもらったことで、

１人のスタッフの人生まで変えるきっかけになりました。

同業他社との出会いを大切にしよう

どんな職業でも、その道のプロがいます。自分よりもずっと前から努力をし、極め、成功している人たちです。自分が悩んでいること、ぶつかっている壁を乗り越えてきた方たちの話を聞ける環境下はありがたいものです。

私はエスグラを通じて出会ったご縁で、会社が大変なとき、転機のとき、自分の考え方を正しい方へ変えることができたと思います。同業他社と言うと、ライバルだと思う風潮もあるかもしれません。ですが、エスグラでは上下関係なく、エステティックという職業に誇りを持ち、「自分たちの業界は自分たちでよくして行こう！」とする人たちの集まりです。

エスグラで沢山の学びをいただいたので、私も恩返しをしていく想いで微力ではありますが、現在エステティックグランプリの理事として活動しています。

起業をしてうまくいかないことをいくら愚痴っても何の解決にもなりません。成功していない人に相談してもよい結果は得られないと思います。１人で悩みを抱える時間や愚痴を言い合う時間よりも悩みを解決したり、互いに志高く、実りある時間となるような過ごし方をしましょう。その道で成功している人と出会えるように、自分のあり方と情報キャッチにアンテナを張って、出会いを大切にしてみてください。

尊敬する人と出会うと人生は好転する

尊敬できる方のお1人に、株式会社プロラボホールディングスの佐々木広行会長がいらっしゃいます。

弊社では「エステプロ・ラボ」というブランドのインナービューティー（身体の内面から美しくなること）を重視したサプリメントを取り扱っています。エステと言うと、「外面を美しくするところ」と思われがちですが、「健康なしに本当の美しさは成り立たない」という佐々木会長の情熱と追求心のもと、病院・大学と提携しエビデンス（科学的根拠）を獲得したエステサロン専用の素晴らしい商品です。

エステプロラボの商品と出会う前のサロンの売上はエステ施術（9割）物販（1割）で、エステの施術で売上のほとんどが構成されていました。エステプロラボの商品と出会い、お客様がエステに来れない日にホームケアを行ってもらうことで、より一層綺麗になることを目の当たりにし、物販にも力を入れるようになりました。

現在はプロラボ製品はもちろんのこと、フェイシャル化粧品、ボディ用製品、美顔器や下着などお客様にお役に立てる商品を取り揃えています。お客様も様々な環境の変化がありますので、どうしてもエステに行くことができないときもありますが、毎日の化粧水やクリーム、サプリなどをやめる方は少ないのです。

プロラボ商品との出会いは約8年ほど前。エステティックグランプリを通じ出会うことができました。当時インナービューティーという考え方は、まだまだエステサロンの中でもメジャーではなかったように思います。内面美容がいかに大切か。また日々の生活習慣からも変えていく必要があることを発信されていました。

その中の1つが、「私たちの身体は食べているものでつくられている」ということです。「食べていい食品、食べてはダメな食品」をプロラボ研修会にて学ぶ機会がありました。今では認知されてきていることですが、当時はトランス脂肪酸（心筋梗塞や肥満など人体に影響を与える）という言葉もあまり知られていませんでした。

現在トランス脂肪酸は海外では禁止されており、食品含有量表示を義務づけられていますが、日本では表示の義務化さえされていません。トランス脂肪酸が多く含まれる食品の代表例がマーガリンやお菓子に含まれるショートニングなどです。

知ってわかったことはすぐに社員と分かち合おう

早速勉強したことをサロンに持ち帰り社員たちに教えていきました。社員の中には毎日朝食にマーガリンをたっぷり塗ったトーストを食べている社員がいました。そして子ども2人にも食べさせていると言います。

知らないとはいえ、大切な我が子に毎日身体に悪いものを食べさせ続けていたことになります。その後、その社員も一緒にインナービューティーを学び、朝食は和食中心のバランスのよい食事へ変わりました。また、そのスタッフは食事の見直しをしてから、2週間でお腹周りが6センチ減りました。もともと細身のスタッフでしたがお腹だけがぽっこりしていて、もともとの体型だろうと思っていたようです。

それが体重は変わっていないのに、お腹まわりだけが6センチも減っていたことに食事の大切さを改めて感じたそうです。その後、本格的に全サロンにプロラボ製品を導入し、8年間ずっとお客様の美と健康になくてはならない製品として愛され続けています。

一切の妥協を許さない姿勢と志が世界を魅了する

エステプロ・ラボはインナービューティーのパイオニアとして、日本で圧倒的な支持を得ています。クオリティーと安全性を最重要視し、13500以上のエステサロンで支持されています。また、パリコレにも4年連続で参加し、アジアだけではなく世界へと広がっています。

佐々木会長はこのプロラボホールディングスを一代で築かれたわけですが、私が尊敬するのはその経営手腕もさることながら、佐々木会長の志とお人柄です。

佐々木会長は初めてお会いしたときからずっと物腰しが柔らかく、福岡のいちサロンオーナーに過ぎない私にも腰を低くしてお話してくださるのです。

色々なお話を聞かせていただく機会があったのですが、やはりここまでの道のりでは大変なご苦労をされてらっしゃいました。また私にも「経営するにあたって、こんな本を読むといいよ」と教えてくださったり、経営への想いを語ってくださることもあり、その度に「やはり経営者はこれだけの熱意と追求心が欠かせないんだな」と改めて思わせてくれるすごい方です。

また毎年1月にプロラボホールディングス・ニューイヤーパーティーが催されるのですが、パーティーの来賓者の中には美容業界のみならず、芸能人やスポーツ選手、政界と様々な分野の方々が出席されています。その数はなんと７００名程。その中でもドジャースの前田健太選手はエステプロラボのアンバサダーに就任され、身体が資本のスポーツ界にインナービューティーを広げていきたいと語っておられました。

毎回思うのですが、プロラボの社員の皆様は、全員が同じ志で同じ方向を向かれているように感じます。そして楽しそうにされています。

働きがいがあって、楽しい職場とは「尊敬できる人の下で働くことなのではないか」と思います。経営者の器以上に組織は成長しないとも言われています。そして自分自身が尊敬される人間になるためには、自分が尊敬する人を数人持つことが大切だと言われていますが、経営を通してこのような素晴らしい商品と出会え、更に経営、人柄と尊敬できる方に出会えたことは、私にとって本当にラッキーなことだと感謝しています。

佐々木会長、担当の有和さん、いつも多大なるサポートをありがとうございます。

株式会社プロラボホールディングス

(https://www.esthepro-labo.com/)

【図表6　株式会社プロラボホールディングス】

2　物販のすすめ

お客様の24時間、３６５日を大切にしよう

当社で物販に力を入れている理由は主に次の2つです。

・顧客満足の追求
・安定経営

まず、先にも述べたように、お客様がエステに来れる頻度は月に1回から2回。多い方でも週に1回ペースの月に4回ほどです。月30日だったとして、残りの26日〜28日間はエステを受けることができません。せっかくエステでスペシャルなケアを受けたとしても、それ以外の日々で、メイクをしたまま寝てしまったり、暴飲暴食を繰り返したりと自分の身体を大切にしてあげない日々が続くと、なかなか理想の状態になれません。

毎日、ご自宅で正しいホームケアを習慣にしてもらうことで、エステの仕上がりがキープできるようになります。最近の化粧品やホームケア用品は本当に優秀ですので、化粧品だけでも美しさに磨きがかかるようになっています。

エステとホームケアを併用することで、お客様の理想の状態へ最短で結果が出せるのです。顧客満足が上がるのはそのためです。

また、出産や子育て、体調など、ライフスタイルの変化により、エステに通えないときもあります。2020年はコロナにより、自粛生活を余儀なくされましたが、洗顔や化粧水、クリームなど化粧品を使わない女性はいませんし、せっかく時間があるのだからといつもよりもホームケアを熱心にされていたお客様も多くいらっしゃいました。

エステサロンの場合、サロンの売上には「施術」と「物販」があります。サロンでの施術売上には上限があり、1日で施術できるお客様の数は限られています。ですが、物販はこの上限がありません。

現状の客数はそのままでも、1人、1点の物販商品を買っていただくことで、売上は底上げされます。お客様にホームケア商品を使っていただくことで結果効果に満足してもらえ、リピートしてもらうことで安定経営につながるのです。

顧客満足と安定経営のためにも、物販の商品選びにはポイントがあります。

お客様にとって、価値ある出会いとなる商品を選んでいきましょう。

お客様に信頼される商品とは

・エビデンス（証拠・根拠）がある商品

お客様のお肌に直接触れたり、飲んだりするものですから、安心安全でなおかつ正しく使い続けることで理想に近づける商品を提供したいものです。一時的な効果ではなく、安心して長く使い続けることができる商品を選ぶことが大切です。

・即効性を感じれる商品

テスチャーや試供品など、使ってすぐによさを実感できる商品であれば、毎日のホームケアが楽しみになるはずです。また販売するときにも多くを語らなくとも納得していただけます。

・メーカーの商品への想いや情熱、お客様への姿勢に共感したとき

取引メーカーのものづくりにかける想いを知ることで、より一層お客様へその商品をお届けしたい気持ちになります。また、私たちサロンの経営やお客様の結果効果を重視し、積極的に勉強会を開催してアフターフォローに努めてくれるメーカーとは信頼関係のもと、長く取引ができ、メーカー、サロン、お客様と三法よしな関係になります。

・自分たちが使ってみてよいと思ったもの

そして何より大切なことは自分たち（経営者、スタッフ）が使用してみてよかったものです。お客様に提供するときに、実際に使用したエステティシャンの経験談に勝るものはありませんし説得力があります。「○○さんがそんなに自信を持っておすすめしてくれるのなら！」とお客様も一度使ってみようかなと思ってくれるでしょう。

お客様の人生を変える物販との出会い

現在、当社では年に2回、お客様をお招きして美容イベントを開催しています。

毎回、美容イベントは満員御礼。あっという間に予約でいっぱいになる人気のイベントです。イベントでは、「このパックで肌質が変わって人生が変わった」「まるで別人のように小顔になった！」など、お客様が手放せないと言われるパックの成分や、美容理論、老化をするとお顔がどう変化するのかなどを、一般のお客様にもわかりやすくお伝えしています。

また実際にお顔の半分にパックを行うことで、わずか20分後には左右が別人のように変化し、その度にお客様から「きゃー！　全然違う！」「私、顔の半分だけめっちゃ可愛くなった！」など歓声があがります。女性はやはり自分が可愛くなることが楽しくて嬉しいのです。

そして、このイベントで一緒に勉強会を行ってくれるのは、そのパックを製造開発している美容メーカーのリズム株式会社さんです。リズムさんは、「LOVE PRESENTS」その言葉通り、「ご縁をいただくすべての方に愛をお届けしたい」と理念を掲げています。

率直な想いが心に響く

最初に「愛」と聞いたときには、少し気恥ずかしいような気持ちになったことを覚えています。「それまで取引先に愛をお届けしたい！」などと言われたことはありませんでした。

その他にも「愛の騎士」「日本一愛される美容メーカーを目指す」などリズムさんには愛という言葉がたくさん出てきます。ですが、その言葉通り、いつも全力で誠実にフォローとサポートをしてくれます。何かと担当の林さんが電話やLINEをしてくれるので、「最初は連絡してきすぎだから！」と思うほどでしたが、そのうちに、本当にサロンのこと、お客様のことを想ってくれているのだと信頼関係を築くことができました。

「サロンの繁栄なくして、メーカーの存在意義なし」とリズムさんはいつも言われています。このような取引メーカーの想いを知ることで、私たちも商品への想いが増し、より一層お客様へ商品をお届けしたくなるものです。

心の鎧を脱がすホームケア

実際にサロンのお客様の中には「すっぴんの顔を絶対に見せたくない」という方もいます。素肌にコンプレックスがあるので、メイクを落として素肌を見せることが恥ずかしいと言われます。私も過去、慢性じんましんで悩んでいたので、その気持ちがよくわかります。

脱毛エステやボディトリートメントは抵抗なく受けられるけれど、顔だけは絶対に嫌だと頑なお客様がいらっしゃいました。だけど、肌を綺麗にしたいとも思ってらっしゃいます。

そこで、メーカーの想いと、ホームケアで肌改善ができるパックがあることをお話し、まずは一箱（10回分）から使用してみることになりました。実際リズムさんのパックは一生に1回、集中ケアをして肌改善、お顔の若返りを行っていきます。目安は自分の年齢＋28日間です。例えば、私であれば40歳＋28日で計68日間、毎日パックを行っていきます。

お客様も最初は「え！　そんなに！」「毎日なんてできない！」と驚かれる方も多いですが、パックをはじめて3日経ち、7日経ち、とするうちに、毎日朝起きて、鏡に映る自分の顔が確実に綺麗に若返っていくのを実感されます。

「絶対にフェイシャルエステは受けたくない」と言われたお客様も「こんなに結果が出るなら」と集中ケアを行い、更に集中ケアが終わらないうちに「肌が綺麗になって、メイクも薄くて済むようになりました。これをきっかけにもっと肌を綺麗にしたい」とあんなに嫌がっていたフェイシャルエステも受けたいと連絡をくれました。

そのお客様は、今ではファンデーションいらずの綺麗なお肌を手に入れています。もちろん定期的にパックもリピートされています。物販から施術へと繋がったよい事例です。

結果が出ると、もっともっと綺麗になりたくなる

お客様は結果が出ると、必ずリピートされます。それはエステもホームケアも一緒です。

「結果が出ると、エステを卒業されちゃいませんか?」とよく聞かれることがありますが、それは逆で、結果が出ないエステサロンではお客様は卒業してしまいます。

女性は綺麗になると、もっともっと綺麗になりたいと思うものです。綺麗になって周りから褒められたり、どんな洋服でも着こなせるようになったりして、「嬉しい！　楽しい！」という感情と自分を自分で認めてあげたときに自信がついて、より一層周りの人にもよい影響を与える人になれます。

【図表７　リズム株式会社】

そのためにも物販商品の選び方①～④を参考にしていただき、顧客満足と安定経営を目指していきましょう。リズムさんのような、サロンのことを自分のこととして考えてくれるメーカーさんと出会えると心強いと思います。

リズム株式会社

(https://rhythm-rhythm.co.jp/)

オンリーワン物販のすすめ

物販商品へのこだわりポイントを最後に1つお伝えします。

それはオリジナルブランドの確立です。これまでお客様にホームケアの重要性を説いてきました。その結果、たくさんのお客様が結果、効果に満足され物販売上も順調に伸びてきました。そこで、さらにお客様へ付加価値のある商品を提供することで、他者との差別化が図れます。

もう一度おさらいですが、企業にとって、大切なことは3つあります。

- 経済性……経済的価値（利益）の創出
- 独自性……他社とは差別化される商品、サービス、仕組み
- 社会性……社会をよりよく（社会貢献）です。

物販においては、経済性＝単価アップによる売上増

社会性＝女性がより美しくなることで、家庭や職場が元気になることが言えると思います。

残るは独自性です。お客様がここでしか買えない価値ある商品を販売することで、他社との差別化を図ることができます。

高級飲食店でしか飲めないビールとは

美容とは異なりますが、先日、ロココビールというラグジュアリービールを飲みました。このロココビールは、一般販売を行っておらず、一部の星つきレストランや料亭などで堪能できます。富士山の伏流水とドイツの最高品質の原料を使用して、シルクのような繊細な味わいをワイングラスに注いで飲むスタイルです。

ワインやシャンパンのように、ビールでも特別な体験をしてほしいとの想いから、開発されたビールだそうです。こう聞いて、そのビールを想像すると飲んでみたくなってきませんか？　私は普段ビールをあまり飲みませんが、このロココビールは本当に美味しくて、東京に行ったときはどうせなら、このロココビールが飲めるお店に食事に行こうと思ってしまいました。

独自性とブランディングが素敵だなと思いました。同様にエステのオリジナルブランド商品も独自性とブランディングが大切です。

オリジナル商品づくりにはこだわりを

エステサロンでも、このオリジナル商品をつくっているサロンは実は少なくないと思います。

ただ、つくってみたはいいものの、実際には販売戦略がわからなかったり、スタッフ育成の際に研修資料が不足していたり、お客様へのパンフレットやツール等のデザインが難しかったりと課題が出てきます。またノウハウやコストの面でも不安があり、オリジナル商品に踏み切れないケースもあると思います。

弊社の場合は元々幹細胞コスメのパイオニアである、株式会社グラツィア・ディレイアシリーズを基礎化粧品として、お客様へ提供していました。ディレイアは「プロが選ぶコスメ」エステセレクションで金賞受賞をはじめ、7冠を受賞している化粧品です。お客様からも好評で肌結果の出る化粧品として、20代の吹き出物トラブルから60代のアンチエイジングまで幅広い年代に支持されていました。

ただ、クレンジング、化粧水、美容液、クリームとすべてを揃えると、少々値が張ってしまうこともあり、グラツィアの南代会長に相談させていただいたところ、「幅広いお客様に喜んでいただけるオリジナルブランドをつくってみてはどうか」と共同開発にご協力いただけることになりました。

そして20代や30代の方でもお求めやすいように、化粧水&美容液&クリームを1つにまとめて、オールインワンジェルとして商品化しました。一言でオールインワンといっても、香りやテクスチャー、幹細胞培養液の濃度、浸透にもこだわり、特にお客様からのニーズである美白とハリのあるお肌づくりができるように、何度も試作を重ねてでき上がりました。

オリジナルブランドのメリットは自社サロンのお客様の肌ニーズに合った化粧品づくりができることです。また、サロンのフェイシャルメニューと、より相乗効果の出るオリジナル化粧品をつくることができることもメリットになります。

独自性の高い原料・製法で差別化

弊社のオリジナルブランド・ロッカオールインワンジェルのこだわりは主にこの３つです。

・ヒト幹細胞培養液

再生医療の現場でも活用される「ヒト幹細胞培養液」はサイトカインやインターロイキン、ＳＯＤを豊富に含み、皮膚組織の再生を促進する高機能性生物素材を使用しています。医療、美容業界でも最新成分として注目を集めているトレンド成分です。

・イノベーティブ３Ｄナノテクノロジー

世界トップレベルの特許浸透技術を使用し、安定的に長時間一定して届けることが可能な経皮送達システムにより、高い浸透性でスピーディーな作用、肌再生、アンチエイジングが可能です。他者には真似できない製造方法です。

・国産無農薬薔薇を使用

実は農薬を使用しない薔薇づくりは難しく、ほとんどありません。オールインワンジェルの使用している薔薇は徹底した無農薬を実現するため土壌に苗を植えず、プランターにて栽培をしています。第三者機関の残留農薬検査も実施し、食べても安全な食用薔薇をオールインワンジェルに使用しました。優しい薔薇の香りは脳を活性化させ女性ホルモンの分泌を促し免疫力を高めます。また肌のターンオーバーを整え、美白効果も期待できます。

実際に私もグラツィア提携農場に足を運び、薔薇の生産過程やそこで愛情たっぷりに薔薇を育てる方々からも、たくさんのお話を伺うことができました。このようにグラツィア様にサポートしていただけた結果、原料、成分、最先端テクノロジー、品質にこだわったオリジナルブランドをつくることができました。現在はオールインワンジェルの他に、クレンジングやシートマスクなどもグラツィア様にサポートいただき企画制作を始めています。

企画、製造以外でも、商品の社員向け研修や、販促強化研修に至るまでサポートしてもらえるので安心です。２０２０年はコロナを機に、オンラインでのネット販売にも力を入れました。その際、オリジナルブランドであれば、対面販売でなくともオンラインで制約なく販売することができます。オンライン購入により、お客様の購入からお届けまでを簡略化できる利点もあります（通常エステ専売商品は対面販売に限られていることが多い）。

物販による顧客満足と安定経営に今後も一層力を入れていこうと思います。

ザ・グラツィア・インターナショナル株式会社

(https://the-graziainternational.co.jp/)

【図表８　オリジナル化粧品 ROCCA オールインワンジェル】

【図表９　オリジナル化粧品 ROCCA・発表パーティー】

人との出会いは奇跡。一期一会を大切に

これらの「お客様の肌や人生を変えた」商品のメーカー様（プロラボホールディングス・リズム・グラツィア）との出会いは章の冒頭に感謝を綴った、エスグラをきっかけにして出会うことができました。思い起こすと、現在のスロウスパ開業もエスグラのご縁が始まりです。

さらに、ヒルトンホテルスパ開業もエスグラの出会いを通じて、ご紹介をいただきました。痩身専門サロンのソムニアのオープンも、エスグラ勉強会で出会い親友になった福永順子ちゃんからのご紹介です。

このように話すと、「どんな話をすると、サロン開業の話やホテルスパ開業のお話をもらえるのですか？　特別なやり方があるのですか？」とよく聞かれますが、実際に自分から仕事の話をガツすることはありません。仕事のメリット・デメリットで人とお付き合いすることもありません。ですが、いつも「自分の問題や課題を明確にしたいな」と思い、学びたい気持ちでいることと、相手の課題や問題にお役に立てるといいなということは潜在的に持ち合わせていると思います。出会いは相手あってのことです。人の話は真剣に聞く。聞いてもらっているときは真剣に話すということを大切にしています。その結果、良いご縁に発展しているのかなと思い、感謝しています。

エステ業界の発展とエステティシャンを輝かせたいという同じ志の皆様とのご縁を通じて、個人としても美容業界の経営者としても成長させていただいたことに感謝をして、今後もご縁を大切にしていきたいと思います。

第6章

多くのお客様を得て、経営を安定化させる方法

1　お客様が10年通えるサロンづくり

サロンの1時間の価値、1日の価値はいくらですか

現在経営しているスロウスパというサロンは、エステサロンが150店舗にも上る激戦区の福岡市中央区にあり、その中でも毎月新規のお客様が約80名。毎月1000万円ほどの売上が上がる優良店です。ですが、最初からそうだったわけではありません。

スロウスパは私の信頼する方からの紹介で、前オーナーから引き継ぐこととなったサロンです。なかなか思うように売上がつくれないので、サロンを譲渡したいという申し出でした。譲渡には各種条件がありましたが、役務残（残っているエステコース）もあるので、引き継いでほしいとのこと。およそ400万円分の役務残があるとのことでした。

例えば1時間あたりのエステの金額が1万円だったとすると、400時間分のエステのサービスが残っているということになります。役務残の捉え方は色々あるのですが、「無償でサービスを提供することは損だ」という考え方もできますし、「400万円分ものお客様がいる。その方々に丁寧にエステを行うことで、長く通ってくださるお客様になるだろう」という考え方もできます。

私も「400万円くらいであれば」と引き受けることにし、サロンを引き継ぎました。ところが、いざ蓋をあけてみると、400万円ではなく600万円を超える役務残があり、そして1時間あた

りの単価がものすごく低いのです。お客様に1時間のエステを2000円ほどで販売していたサロンだったのです。

1時間、いくらがベスト？

通常、美容業界の相場は1時間6000円です。特別なメニューや結果にこだわったメニューになると、1時間2万円を超えるものもあります。それなのに、当時のスロウスパは1時間2000円。スロウスパにはその当時も沢山のお客様がいましたが、一番の魅力は「お値段以上」にあったようです。「安価で技術力の高いリラクゼーションマッサージが受けられるエステ」として支持されていました。

当時従事していたエステティシャンも、国際資格であるシデスコを持っているような技術力のあるエステティシャンでした。そんなエステが2000円で毎回受けれるのであれば、私がお客様として通いたいくらいです。ですが、1時間2000円の売上では、どんなに頑張っても売上には限界があります。立地もよく、サロンも綺麗で素敵です。手放さないといけないほど、売上のつくれないサロンには見えなかったのですが、1時間あたりの単価を聞いて腑に落ちました。

大変なのはそこからです。600万円もの役務残。しかも1時間あたり2000円です。すべてを消化するのは、気が遠くなるほどの役務残でした。「またやってしまった！」と途方に暮れながらも、それでも「それだけのお客様がいるのであれば、うちの得意とする別メニューをご提案して契約をいただきながら、末長く通っていただけるよう頑張ろう！」と気持ちを切り替えて、スロウスパをスタートしました。

当時のうちの会社のメニューは、2時間で4万5000円のオリジナル痩身エステでした。1時間あたり2万2500円の単価です。それまでのスロウスパの10倍以上の単価です。大変結果に満足いただけるエステでしたが、高単価なこともあり、主に富裕層のお客様や本気で健康美を手に入れたい方から支持されていました。

売上＝客数×客単価×購入頻度を意識してサロンを成長させよう！

売上＝客数×客単価です。

売上を上げるためにはお客様の数を増やすか、単価を上げるしかないのです。お客様の数も増やせて、なおかつ単価も上げることができれば最高です。

スロウスパにはたくさんの顧客がいます。ですが、4万5000円のエステを受けてくれる方は数名しかいませんでした。お客様の立場からすれば、当然のことでしょう。急に経営者が代わり、なおかつ2時間4000円で受けれていたエステが2時間4万5000円になるのですから。

そこでメニューを一新することに決めました。スロウスパは長年リラクゼーションエステを得意にしてきたサロンです。であれば、お客様が受けたことのないフェイシャルエステなら需要があると思ったのです。

そして、まだ福岡市中央区でも流行っていない韓国発祥のコルギを新メニューとして打ち出しました。コルギとは顔の筋肉にアプローチしながら、骨格を整えていくエステです。そして、リラクゼーションエステを好むお客様たちにもすんなりと支持されるように、オリジナルのボディマッサージとコルギを合体させて身体も楽になりながら、お顔は整って小顔になるスロウスパのオリジナルコルギをつくりました。

単価は1時間1万円としました。このコルギが瞬く間に人気メニューとなり、現在でも売上の30パーセントを占める不動のエステメニューとして、お客様になくてはならないエステとなっています。

客単価を上げるには物販にも力を入れてみよう！

そして、さらに単価を上げるために物販にも力を入れました。以前のスロウスパは物販売上ゼロ。販売する商品が1つもありません。通常お客様がエステに通う頻度は月に1度か2度。1か月30日のうち、エステに行く日はわずか2日。残りの28日はご自宅でご自身でケアするしかないのです。

そのため、ホームケアは非常に大切です。エステに通っていない28日間をどのような商品でどのようにケアしていくのかを、お客様1人ひとりへお伝えしていくことがエステティシャンとしての務めでもあります。

どんなライフスタイルを送っているのか、食事や運動、生活習慣や仕事内容などもお伺いし、お客様の理想の状態まで二人三脚で行っていきます。結果が出て綺麗になると、お客様は喜ばれ、「もっと綺麗になりたい！」と美に対して意欲がさらに湧いてくるのです。その結果、物販は売上の35パーセントを占めるようになり、売上も当初１００万円に満たない売上から１０００万円ほどのサロンへと成長しました。

価格設定の重要性

時々、同業のエステサロンオーナーさんから相談されることがあります。「毎日毎日お客様の施術をして忙しくしているはずなのに、売上から経費を支払っていくと、ほとんど手元にお金が残らない」と言うのです。よくよく話を聞いてみると、1時間あたり1万円のエステを提供しているといいます。もっと話を聞くと、施術時間は1時間だけれど、その前後にカウンセリングやたわいもないお話をして、毎回プラス1時間の計2時間ほどの時間をかけていることがわかりました。

これでは1度の来店での客単価は1万円かもしれませんが、時間給にすると1時間５０００円となってしまいます。特に起業したばかりのときは個人事業主として、オーナー兼プレイヤーというお1人様経営をしていくことが多いと思います。そのときに「なんとなくこれくらいかな」で価格設定をすると、頑張っても頑張っても、なかなかお金が残らないことにもなりかねません。

目標設定をする際は、まずは手元にいくら残したいのかを決めるところから始めてみましょう。エステサロンであれば経費として、家賃や広告費、エステで使う商材や借入返済などがあると思います。仮に経費が50万円。残したいお金が50万円だったとすると、売上目標は１００万円となります。

次に月に何日お休みするかを決めます。仮に８日を休みにすると、実際稼働できる日数は22日間となります。その場合の考え方を２通りで考えてみましょう。１００万円を22日で割ると、１日あたり必要な売上は約４万５千円です。

①時給で考えるパターン

１日８時間営業で考えると、１人オーナーの場合は１時間あたり約５５００円の時給を売り上げると、売上達成となります。

②客単価で考えるパターン

１日の客数を３名と決めたとします。４万５０００円を３名で割ると、１人あたりの客単価は１万５０００円となります。

次に①と②を頭に入れておき、周辺のエステサロンの価格設定のリサーチや、掛けている広告費で集客できる新規客数の予測、新規客がリピート客になってくれる確率なども予測していきます。

他店よりも客単価を高く設定する場合には、他店にはない独自の魅力や付加価値がなければなりません。客単価を低くするのであれば、たくさんのお客様をそれだけ集客しなければなりません。

このように価格決めは非常に重要となります。安易に「このくらいかな？」で決めず、何度も予測計画を立てて決定していくようにしましょう。

その広告予算は妥当ですか？

現在、弊社で働く中途採用社員の8割が過去に勤めていた会社の倒産を経験しています。起業をして10年続く会社は5パーセントとも3パーセントとも言われています。おおよその会社は倒産か廃業をしているということになりますので、「社員の8割が倒産した企業に勤めた経験がある」というのも腑に落ちます。一言に倒産といっても色々な理由があると思います。

・業績不振
・経営者の経営能力の欠如や会社の私物化
・連鎖倒産
・信用性の低下や在庫の抱え込み、売掛金回収難、労使問題や、訴訟トラブルなどがあります。

倒産した会社に勤めていた社員はやはり、もうあんな想いはしたくないと言います。1番の理由はお客様に申し訳がないからです。もちろん自身の生活のことなどもあるでしょうが、みんな口を揃えて言っていたことは、「お客様に合わせる顔がない。せめて最後にエステをしてさしあげたかった」と言います。実際に自宅で無償でエステを行った経験のある社員もいました。

そして、うちの会社に入って、一番びっくりしたことは「お客様が沢山いることです！」と言います。「毎日予約がいっぱいに埋まっていて、お客様にエステが提供できることに本当に感謝しています」とも言います。

お客様が少ない会社でも売上は求められるので、同じお客様に何度も色々なエステや商品をおすすめすることもあり、心苦しく思っていたこともあったそうです。また暇な時間があるとダラダラと仕事をしてしまったり、スタッフ同士で愚痴を言い合ったりする時間が増えたりして、社員の成長も会社の成長も止めてしまうことになります。

うちのサロンでも、同じようにお客様が少ないときもありました。そして、お客様が少ないとだんだんサロンの活気がなくなり、業績も当然芳しくありません。

集客には適正な広告費用をかけましょう

集客において美容の場合は、新規のお客様1人をサロンに来店していただくのにかかるコスト（顧客獲得単価＝ＣＰＡ）は少なく見積もっても、1万円と言われています。月に１００人新規のご来店が必要であれば、１００万円を広告宣伝費に使うことが妥当ということです。

例えば10万円の広告費を使ってみたけど、結果新規のお客様が10名だったとします。でも10名が妥当かどうかは業界のＣＰＡを知っておかないとわからないでしょう。ＣＰＡとして妥当な反響であれば、もし仮に20名の新規客が欲しいと思えば、あと10万円の広告費を追加すればよいことがわかります。

このように業界の適正数字を把握していないと広告にかける予算を節約して、やみくもに、あまり見られていないブログを毎日数時間もかけて書いたり、外にでてチラシを配ることに時間を費やしたりと頑張っても頑張っても報われない結果となります。何が悪かったのかもわからないまま、お客様が来ない日々が続いてしまいます。

ブログやチラシ配りも、費やした時間を費用に換算してください。仮にあなたの時間給を1時間1万円とします。毎日1時間かけてブログを書くと、30日で30万円の費用をかけたことになります。30万円に見合う来客があれば OK です。そうでなければ、やり方を変えることが必要になります。

集客には、予約ポータルサイト、ホームページ、ブログ、SNS、チラシやポスティング、口コミ紹介など様々な方法がありますので、費用対効果のデータを取り、一番効果的なものから利用することをおすすめします。

私の場合は餅は餅屋だと思い、船井総合研究所さんにマーケティングをお願いしています。都心型なのか、郊外型なのかなど、全国のエリアによってもマーケティングは変わってきますので、独自でリサーチするよりもプロにお願いしたほうが確実なのです。

また、主人がブランディングの会社を経営しているのでデザインやロゴ作成などは主人の会社にお任せしています。もちろんお金はちゃんと払っています（笑）。

参考までに、

CPA＝顧客獲得単価（1人あたり）

美容サロンの場合WEB媒体の適正集客コスト　15000円〜

ホットペッパービューティー　10000円

チラシ、フリーペーパー　30000円〜

月間リピーター顧客を増やすために

当社では各店舗、新規集客数が少ないサロンでも40件。多いサロンでは80件ほどを新規集客目標にしています（目標数の違いは、ベット数やスタッフ数によって、受け入れできる新規件数が異なるためです）。そして新規の集客メニューは各サロン1つのメニューに絞り込んでいます。

例として、フェイシャルをメインにしているスロウスパの場合は、コルギ1本に絞って集客しています。その理由はフェイシャル市場の中でも小顔のニーズがあること。1回でも結果や違いを確認できるメニューであることによって、集客件数が見込めるからです。

コルギの場合は1回の施術でのビフォーアフターが、お客様が鏡を見たり、顔を触ったときに大変実感しやすく、更にビフォーアフターの写真を用いて可視化に努めることで、「1回でもこんなに結果が出るのであれば、3回、5回、10回後にはどんな顔になっているんだろう！」と未来のきれいが想像できる仕組みになっています。

そのため、コルギのコース契約率は6割を超えます。さらに、スロウスパのコルギは顔だけではなく、デコルテ、首肩、背中、腕、ヘッドまでケアされ、しかもすべて仰向けのまま行われるので大変満足度が高いメニューです。ですが、スロウスパにはコルギのほかにも、ハーブトリートメントや、ハイフ、エンビロンのビタミントリートメントに、フェイシャルエンダモロジー、ニードルレスエアインジェクターなど、その他にも様々なフェイシャルメニューが完備されています。

「これだけのフェイシャルメニューがあるのに何故すべてのメニューで新規集客をしないのですか?」と聞かれることもありますが、その答えはお客様は専門店を好むという傾向があるからです。

「あれもこれも!」よりも専門店化

そもそも、たくさんのメニューがあると、お客様はどれを選んだらいいのかわからなくなってしまう方が大多数です。逆に美容にマニアックな方は自分のしたいメニューをネット検索してからそのお店にいくので、自社ではたくさんのメニューをポータルサイトに載せる必要はないと判断しました。そして、現場のエステティシャンの受入れ体制も考える必要があります。

エステティシャンの中には20年のベテランから、入社して1~2年のまだまだ歴の浅いエステティシャンも在籍しています。ベテランになってくると、このお客様には最初にこのエステを行って、「このくらい結果が出たらあれとこれと」とはじめて会ったお客様にもプログラムを組むことができます。数年先の状態まで鑑みることができるので、お客様によってはびっくりしてしまう方もいるほどです(場合によっては負担に感じることもあるでしょう)。

一方でエステティシャン歴1年のスタッフが、あれもこれもとプログラムを組むことは容易ではありません。ですが、歴1年のスタッフでもコルギに関しては、20年のベテランと変わらない施術を身につけることができます。今日もエステティシャン歴1年のスタッフが、お客様から、「コルギの結果と気持ちよさに感動しました!」と1年間のコース契約をもらいました。

このように新人でもできるメニューに絞ることで、新規集客件数の受入れを増やせます。新人スタッフも入社してまもなくお客様の施術に入ることができ、喜びややりがいを感じ、責任意識が早い段階で身につくようになります。

このスタッフの日報には「お客様に感動しましたと、お言葉をいただけたときの嬉しさと達成感を今回のように感じたのは初めての経験で、思わず熱いものが込み上げてくる感覚がございました。また、このような機会を再度持てるよう、エステティシャンとして社会人として、基本を強固にしていかなければならないと思いました。明日からもしっかりと業務に取り組んで参ります」（一部抜粋）と記されていました。

このことは本人も嬉しいでしょうが、育成に取り組んできた上司はもっと嬉しく思うものです。

美肌育成フローの定義をつくろう

ではいつ、どのように他のフェイシャルメニューを提供するのかと言うと、実はお客様の美肌育成フローをあらかじめ作成決定しています。

（例）

①初回新規のお客様はコルギ5回コース（お顔の筋肉や骨を整えて土台づくりからスタート）の提案をします。コース3回目ほどで初回に比べ、美しい土台づくりができお客様も実感。さらに肌質改善のニーズがあれば、ハーブトリートメントの初回お試しをご案内します。

【図表10　ＶＩＰ顧客育成フロー】

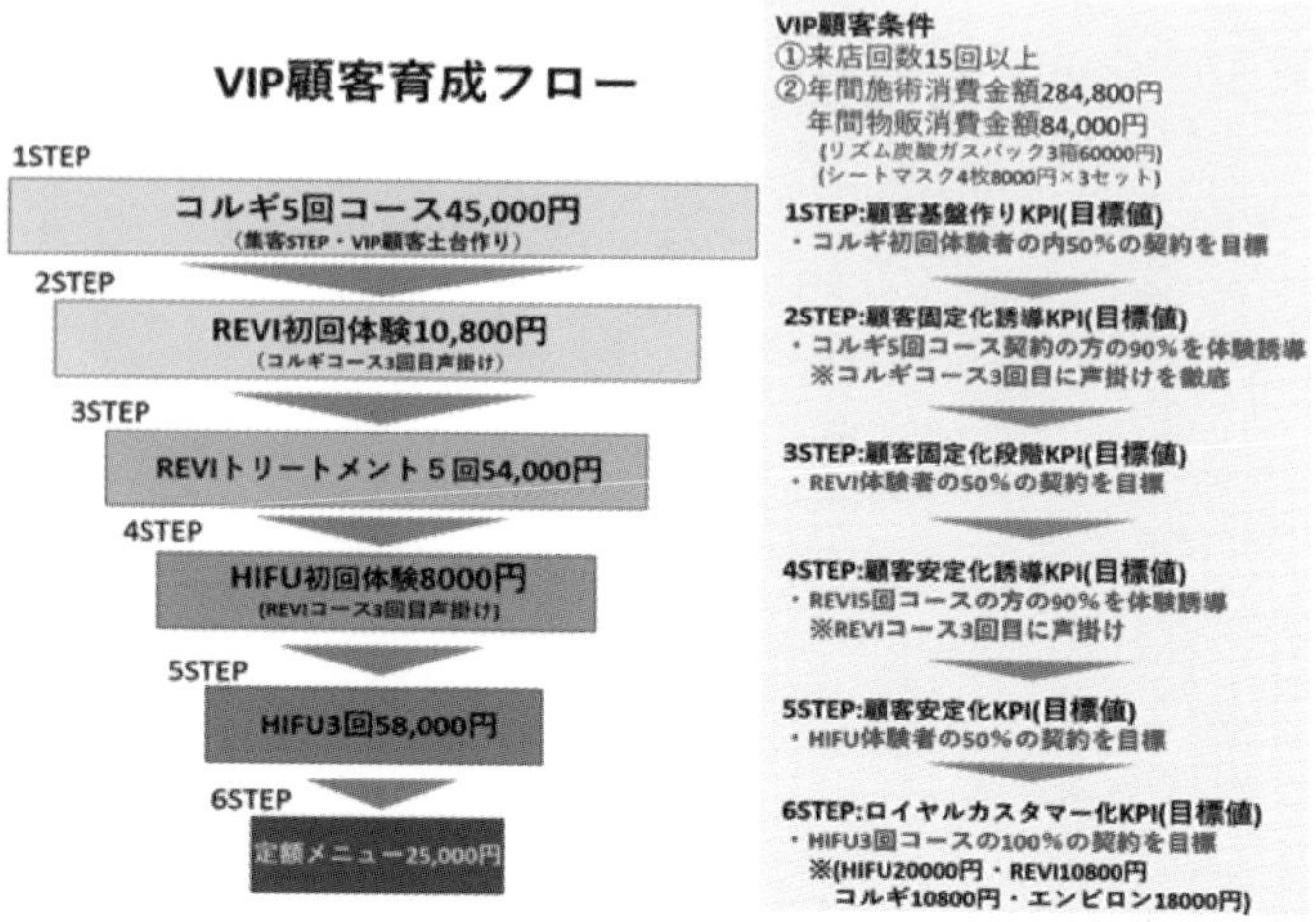
VIP顧客育成フロー
1STEP
コルギ5回コース45,000円
（集客STEP・VIP顧客土台作り）
2STEP
REVI初回体験10,800円
（コルギコース3回目声掛け）
3STEP
REVIトリートメント５回54,000円
4STEP
HIFU初回体験8000円
(REVIコース3回目声掛け)
5STEP
HIFU3回58,000円
6STEP
定額メニュー25,000円
VIP顧客条件
①来店回数15回以上
②年間施術消費金額284,800円
年間物販消費金額84,000円
(リズム炭酸ガスパック3箱60000円)
(シートマスク4枚8000円×3セット)
1STEP:顧客基盤作りKPI(目標値)
・コルギ初回体験者の内50%の契約を目標
2STEP:顧客固定化誘導KPI(目標値)
・コルギ5回コース契約の方の90%を体験誘導
※コルギコース3回目に声掛けを徹底
3STEP:顧客固定化段階KPI(目標値)
・REVI体験者の50%の契約を目標
4STEP:顧客安定化誘導KPI(目標値)
・REVI5回コースの方の90%を体験誘導
※REVIコース3回目に声掛け
5STEP:顧客安定化KPI(目標値)
・HIFU体験者の50%の契約を目標
6STEP:ロイヤルカスタマー化KPI(目標値)
・HIFU3回コースの100%の契約を目標
※(HIFU20000円・REVI10800円
コルギ10800円・エンピロン18000円)

②ハーブトリートメント5回コース（肌質を変えるエステ）の3回目になると、コルギで土台づくり&ハーブトリートメントの相乗効果もあり肌改善が期待できます。

③ハイフ（筋膜、真皮層、表皮へのアプローチでたるみ、シワ、引き締め、リフトアップなど）

④定額エステ

といった具合にどんなニーズにもお答えできるように、あらかじめプログラムを準備しています。すべてのメニューでそれぞれアプローチするところが違うので、結果に期待ができ、お客様も階段を上るように、それぞれのメニューのよさを実感しながら、不要な時間や費用を使わずに最短で綺麗になれるので、大変お喜びになります。

またスタッフにとっても、あらかじめ美肌育成フローがあることで、自信を持ってご案内できるようになります。何回目の来店で中間カウンセリングを行うのかなどもあらかじめ決まっているので、予約を取る際のサロン側のスケジュール管理もしやすくなります。最終的には定額エステという通常よりもお得に通っていただけるサービスを使用して、エステを継続的に利用できる仕組みづくりをしています。

図表10にあるように、自サロンでのＶＩＰ顧客の定義も決定し、ＶＩＰのお客様には優待サービスやパーティーにご招待するなど、日頃の感謝をお伝えできるように努めています。

定額エステのすすめ

最近、あらゆるところでサブスクリプションという言葉を聞くようになりました。サブスクリプションとは「料金を支払うことで、製品やサービスを一定期間利用することができる」形式のビジネスモデルのことだそうです。

予約購読や定期購入とも言われ、近年では主に動画配信サービスや音楽配信サービスのアップルミュージックやアマゾンプライム、ネットフリックスなどが有名です。さらに最近では洋服や家具、サプリメントなどの製品にも、サブスクリプションサービスが増えてきています。これにより企業は継続的な収益を上げることができ、新規獲得のハードルが低く、利用者数を増やしやすいというメリットがあります。

このサブスクリプションという意味を聞いたときに、「あ！　うちで行っている定額エステと似ているな！」と思いました。エステの場合、月末最終日に「目標数字を達成！　わーい！」と思っていても翌日になると、またゼロから目標数字を追わなければなりません。

当然、追加見込みのお客様や、物販リピートのお客様もいると思います。ですが、もし、月のはじめ、1日に、仮に目標売上の20パーセントがすでに売り上がっていたらいかがですか？　月の売上目標が200万円だったら40万円。1000万円だったら200万円です。

お正月や、夏休みなど季節に関係なく、毎月月初に「必ず入ってくる売上」があると、心に余裕ができると思いませんか？　弊社ではおよそ10年前に「定額制エステ」を始めました。

毎月一定額をいただき、エステ施術を行っています。お客様にはクレジットカード払い、または口座振替で毎月決済していただきます。そうすることで、決済の時間が不必要になり、お客様はキャッスレスでストレスフリーになります。サロンでも決済時間の短縮により、業務が簡略化されます。

さらに定額エステでは、通常の価格よりも2割ほど価格をお得に設定しています。お客様に長く通っていただくことを前提に、続けやすい価格にしているのです。

定額制のメリットとは

お客様のメリットは次のとおりです。

- 通常よりもお得価格で利用できる。
- 定額制なので、サービスを利用するたびに料金を支払う必要がない。
- 定期的にエステに行くことが習慣になるため、結果が出やすく美しくいられる。

・肌質や季節に合わせたエステを施してもらえる。

サロンのメリットは次のとおりです。

・継続的な収益を上げることができる。
・継続的な関係づくりができるため、顧客の肌データ、背景などが把握しやすい。
・ブライダルやイベント前など定額エステ以外でのコース提案なども派生しやすくなる。
・定額エステを通じて、定額物販も希望されるお客様が多くなる。

一方、予約が取れないなどのクレームにならないように、一定の人数制限を行ったり、通える回数に関しても制限を設けたりしましょう。

定額エステのお客様ばかりになってしまっても、定額以上の売上を上げにくくなってしまうので要注意です。自サロンにあった定額制の仕組みを整えることをおすすめします。

また、お客様も体調や環境により、ひと月だけ通えないケースもあります。ひと月だけ休会できるシステムなども準備し、柔軟に対応できるようにしておきましょう。

弊社でも10年間試行錯誤しながら、定額エステを続けました。10年ずっと定額エステを利用してくれているお客様もいます。やはり定期的にエステを受けてくださるお客様のお肌は本当に綺麗です。

どんなサービスも、結局はお客様に満足いただけなければ続けていくことはできませんので、自サロンでどんな仕組みやメニューだったら、お客様が長く通っていただけるかを考えてみましょう。

弊社ではこの定額サービスが売上の１つの柱になり、安定経営の１つの仕組みになっています。

ＫＰＩの設定

さらに自社のＫＰＩを作成することをおすすめします。ＫＰＩとは、重要業績評価指標のことです。

ダイエットを例にすると、３か月で10キロ痩せることを目標にしたときに、１日30分歩く。１日の糖質摂取量を１３０グラム以下に抑えると決めたときのＫＰＩは「１日30分歩く」「糖質を１３０グラム以下にする」になります。

このようにＫＰＩは最終目標を達成するための指標を表します。実際に１か月行ってみて、１キロしか痩せていなければ、目標達成のために「さらに週２回筋トレを行う」など、ＫＰＩの設定を見直すことができます。

エステで例えると、売上１０００万円を達成するために、ＫＰＩを「定額エステを売上の20パーセントにする」「新規様50名に対して契約率50パーセントで20万円のコースを購入いただく」「リピートの契約単価を10％アップする」「キャンセル率を10％以下にする」などを設定することが大切です。そのためにも顧客単価・来店頻度・総来店数・稼働カルテ数・リピート率・契約単価・契約率・新規来店数・生涯顧客価値を毎月分析把握し、ＫＰＩの設定と課題部分の対策を講じていくことで、目標達成に近くことができます。

そうは言っても、なかなか自分での分析は難しい場合もあります。私はこれらのことは船井総合研究所様にご指導いただき、分析やＫＰＩ設定の相談も船井総合研究所様にお願いしています。

第7章　関わるすべての女性を人生のヒロインへ

エステという美しい仕事を通じて女性を輝かせよう

1　お客様を幸せにするために

幸せな人は美しい

お客様にとって、エステに通う本当の意味とはなんだと思いますか？

・ウエストを細くしたい！
・やせたい！
・ニキビを治したい！
・若返りたい！
・どんな洋服でも着こなしたい！
・ウエディングドレスの似合う体型になりたい！
・同窓会に向けて綺麗になりたい！

沢山のお客様のニーズがあります。そして、その根底には「やせて好きな人から『可愛い！』と思ってもらいたい」、「どんな洋服でも着こなして素敵な人だと思われたい」、「日本で一番綺麗な花嫁さんと周りから見られたい」「久しぶりにあった旧友から、いつまでも若々しく変わらないね！と言ってほしい」など、自分に自信を持てたり、褒められることが嬉しかったり、鏡を見る度にいい気分になれたり、綺麗になることで人と会うことが楽しくなったり、自分のことを前よりもっと好きになったりしたいと思っています。

つまり、エステで美しくなることで、「誰かが自分を大切にしてくれたり」「自分の気持ちが豊かになる」ことに価値を感じて、お客様はエステに来てくださっているのです。

そして自信がついたり、自分が幸せだったり、大切にされると、人のことも大切にしたくなりますし、周りの人にも幸せでいてほしいと思うものです。当然、仕事での対人関係も、家庭や友人関係も好転していきます。

結果、「幸せな人は美しいのです」。

ですから、エステティシャンは責任重大です。お客様の幸せがかかっているのですから！

そのためにも、

・結果の出る技術、商品を提供
・お客様の気持ちによりそう人間力
・おもてなし・居心地のよい空間づくり

が大切です。そしてこれらはサロンで誰か1人ができてもダメなのです。

サロンはチームですから、そこにいる全員が同じようにあることがサロン全体の雰囲気となり、サロン力が高まり、長くお客様から必要とされるサロンとなります。

「お客様を幸せにすること」をスタッフ全員でコミットし、その目的に向かって、仕事を通じ、スタッフ同士の信用信頼を強固にし、お客様から必要とされるサロンづくりを行いましょう。

結果の出る技術、商品を追求しよう

お客様は綺麗になりたくて（幸せになるために）エステに来店されています。

ではエステサロンは何をしなくてはいけないか？

それはお客様のお悩みを解消したり、理想の姿を叶えるために、絶対に結果の出るエステを提供することです。とはいえ、同時にサロン経営のことも考えて技術を導入したり、メニューを決めたりすることも忘れてはいけません。

第2章で書きましたが、以前、私は痩身技術でオールハンド&オーダーメイドの技術を行っていました。大変人気があり、高単価であるにもかかわらず、連日予約でいっぱいになった技術です。しかし、特殊なオールハンドの技術であったため、習得するのに何年もかかり、技術の差は広がるばかりです。スタッフが退職してしまうと、残ったスタッフに負担がかかり、お客様に満足に技術を提供できないばかりか、スタッフが過労で体調を壊すまでになってしまいました。そうなっては元も子もありません。

このことがあり、実際に「痩身エステ」をサロンで行うことには、数年間抵抗があり、一部の限られたお客様にのみ行っていました。その期間は、およそ5年間ほどはあったと思います。

マーケティングでご支援いただいている船井総合研究所の楠本さんより、「今、エステの需要は痩身サロンです。マーケットがあるので、痩身メインのサロンも考えてみてはどうですか」と様々なデータ分析もしてもらいましたが、それでもなかなか決断できずにいたのです。

当然、サロンのお客様からも「痩身エステをここで受けれたらいいのに」とお声をいただくことも多くあったので、応えられないことを申し訳なく思っていました。

そんな折、いつもインナービューティーサプリメントでお客様から支持されている、プロラボホールディングス様より、痩身機器、「フォースカッター」がリリースされることを聞きました。実際に体験してみると、ものの5分でも身体の奥から温まりほぐれていくことがわかります。さらに小1時間ほどの施術で、温め燃焼、セルライトケア、吸引、筋肉の引き締め、光のエステまで、1台で5つの施術ができる優れた痩身機器であることがわかりました。

また機械そのものが優れているので、オールハンド技術の際は数年かかっていた習得が、数日で可能になり、スタッフによっての技術の差がほぼないこと。スタッフが疲れにくい技術であることなどもあり、たちまち一番人気のエステとなりました。

現在、弊社には7台のフォースカッターがありますが、連日、お客様のご予約でいっぱいです。さらにプロラボ商品はお客様に大人気で、既にインナービューティーとして定着していたので、痩身エステの際、プロラボ商品の物販と、フォースカッターの痩身技術を合わせることにより、内面美と外面美の合わせ技で最短で結果が出せるようになりました。

お客様を綺麗にして幸せにして差し上げるためには、結果の出るエステが必須です。

スタッフの技術の差や、スタッフの入社退社などサロン側の事情でお客様にご迷惑をおかけしないように、技術の均一化、オペレーションも含め結果の出る技術の追求を行いましょう。

成長戦略とは何かを考える

経営者には企業を成長させる使命があります。そのためにも新たに技術や機械などを導入する際には3年後、5年後、今よりもっと成長できるかを考えておく必要があります。

導入の際のポイントは

・結果が出ることはもちろんのこと
・集客ができそうか？
・導入にあたり費用対効果は？
・習得までに時間がかかったり、スタッフによって技術差があったりしないか
・スタッフが過度な疲労を感じる施術ではないか
・メーカーによる丁寧な研修やアフターサポートは充実しているか
・従来のエステメニューや、物販商品とのシナジー効果が見込めるか

これらのことも重要視して、導入を決めることをおすすめします。お客様に長く安心して通っていただくためにも、収益をあげて安定経営を行うようにしましょう。5年間に渡り、痩身エステを行うことに抵抗があり難色を示していた私でしたが、フォースカッターとの出会いにより、新たな成長戦略を得ることができました。

そして、私のように痩身エステで悩んでいる方のお役に立てればと思い、ビューティーワールドジャパンや船井総合研究所でも痩身サロンの成長戦略について講師を務めさせていただき、実際の

【図表11　フォースカッターによるビフォー・アフター】

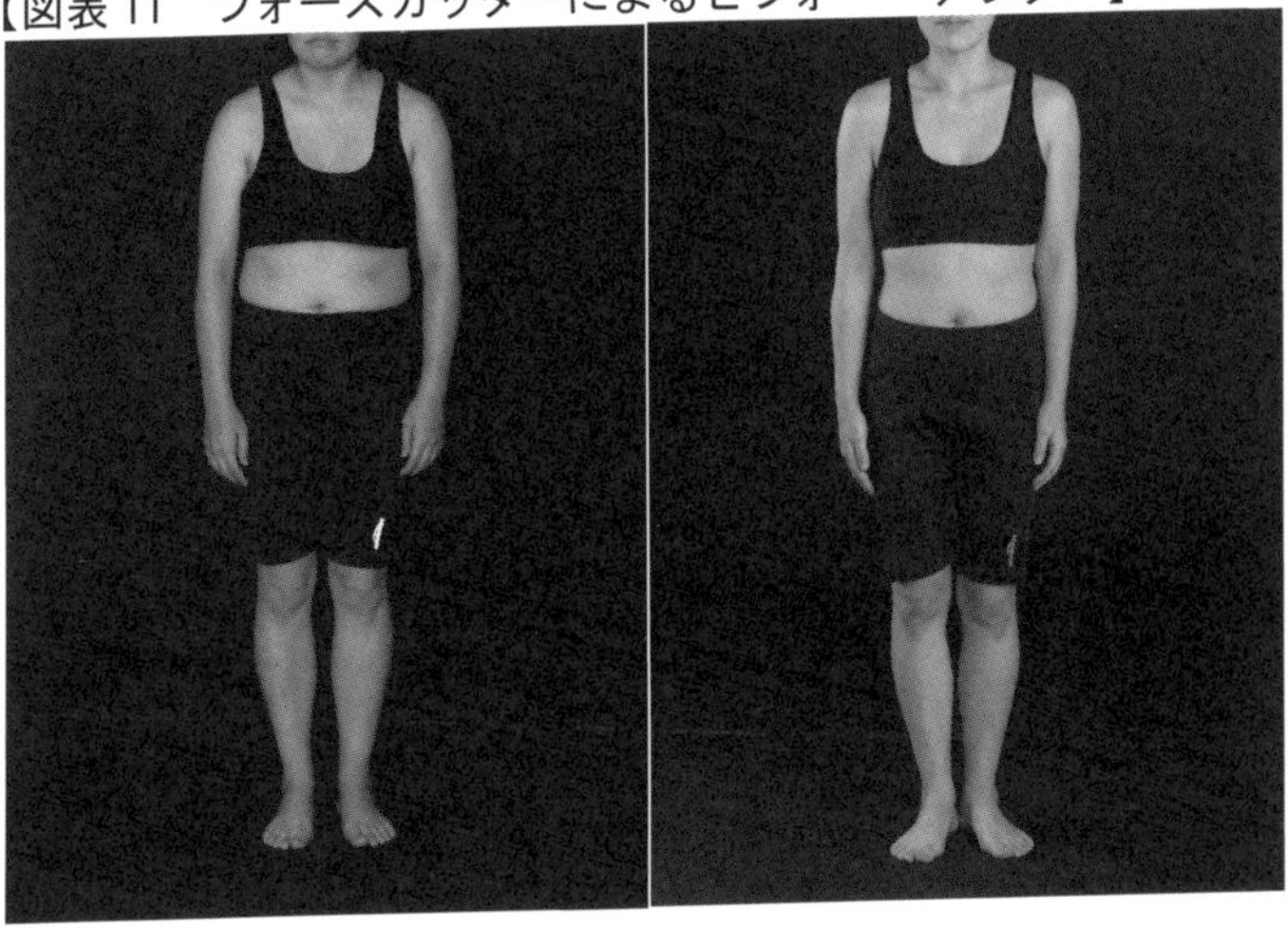

成功事例などをお話しさせていただきました。その後、フォースカッターを全国に広め、健康と美容に貢献したと認めていただき、ProLobo Holdings New Year Party Award ２０２０にてプロフェッショナルマシナリー賞を光栄にもいただくことができました。

図表11の写真でもわかるように、フォースカッターは、無理せず健康的に結果の出る痩身機器です。20代のニーズである美脚・脚やせから、30代の背中腹部痩せ。40代以降の健康美など様々な年代のニーズに1台で対応できます。

70歳を超えて働くことを想定しなければいけない現代では、これから益々、心身ともに自立し健康的に生活できる「健康寿命」を伸ばすニーズがエステでも高まっていくと思われます。お客様を幸せにする成長戦略とは何かを考え収益をあげて安定経営を目指しましょう。

2　明日の私をもっと好きになるエステ術

お客様の気持ちに寄り添う人間力を身につけよう

エステサロンでエステティシャンにとって、結果を出すことは一番のやりがいだと思います。その中でも、お客様との信頼関係が構築できて、二人三脚ができ、理想の肌状態や理想の体重、体型になり、共に喜ぶことができたときにはエステティシャン冥利に尽きるはずです。

お客様は幸せそうなにこにこ顔になり、「○○さんのおかげで綺麗になりました。ありがとう」と本当に感謝してくださるのです。ただし、その過程では、お客様は日々、気持ちの変化があります。「痩せたい！」と思って努力していても、仕事上の会食などで飲み過ぎてしまうことがあったり、女性周期により食欲が出たりして、ついつい食べ過ぎてしまうこともあります。

同じお客様でもその日によって前向きであったり、落ち込んでいたりと様々です。前回、来店されたときはあんなにやる気に満ちていたのに、今日は「どうせ私なんか痩せれない」と自暴自棄になっている方も少なからずいらっしゃいます。

その際に、お客様がすぐさまやる気に満ち溢れるような魔法の言葉は残念ながらありません。

仮に自分が落ち込んでいたり、自暴自棄になっているときに、「○○さん、前回は頑張るって言われていたじゃないですか！　今日は体重増えていますよ。今日から頑張りましょうよ！」と言われ、「よし！　頑張る！」となる方はほとんどいないと思います。

まずはヒアリングやお客様のお身体を確認して、お客様の状態を知る必要があります。

・現在のお身体の状態
・前回から今日までに何かできことがあったかをヒアリングしていきます。

当然、お客様から後ろ向きな発言があったりすることもありますが、受け止めて差し上げることも必要です。そして今日のお客様の状態を少しでもよくするために、今日、どの部分に着目してエステを行おうと思っているのかをお話して、施術に入ることが最低限必要です。

また、中には長いお付き合いの中で、信頼関係があり、ただただ施術を行うことで元気になってお帰りになるお客様もいらっしゃるので一概には言えません。そのお客様の性格や、状況、環境、スタッフとの信頼関係など、それぞれのお客様の背景があります。

それゆえエステティシャンは、技術以外にも、少しの変化も感じ取れる洞察力や、受け止める包容力、ネガティブな言葉や雰囲気に流されないプロとしての心のあり方も備え、さらにお客様を美に導くスキルも求められます。

人間力も必然的に鍛えられる職業であり、誇りを持って従事できる仕事です。

お客様の気持ちがわかること。その上で導いて差し上げることができるように、技術や知識だけではなく、弊社ではコーチングの時間も設けています。

お客様と共に幸せであるために

コーチングとは「答えを与える」のではなく、「答えを創り出す」サポートをコーチが行います。「答えはその人の中にある」という原則のもと、状況に応じて自ら考え、行動し、学ぶことをサポートするためのコミュニケーション技術と言えます。

お客様の気持ちがわかるようになるためには、まずは自分自身のことがわかることが近道です。また、コーチングの時間は、相手の誤りや欠陥を改めるように指導するものではありません。信頼関係を育み、率直な思いや考えを話して、互いに連携していけるような時間として活用していきます。

また、心理学を用いて、様々な考え方や性質があることを学び、自分と他者では違いがあることを知り、受け入れることや柔軟な考え方ができるようにトレーニングしています。「自分は間違っていない」「自分が正しい」と考え方が凝り固まってしまうと他者を許せなくなり、自分が苦しいです。そして自分のことも好きではなくなってしまいます。

お客様に幸せになっていただくためにも、まずはエステティシャンが自分のことを知り、自分を好きになり幸せになることが大切です。こころと考え方のトレーニングをして、お客様の幸せに貢献できるようになりましょう。

また、経営者も同じく、スタッフやお客様を幸せにするためにも自分を知り、自分が幸せであることが重要です。

こころの鎧を脱がせるサロンづくり

皆さんはQSCAという言葉を聞いたことはありますか？
キューエスシーエーとは、

・Quality（クオリティ）
・Service（サービス）
・Cleanliness（クレンリネス）
・Atmosphere（アトモスファー）

の頭文字を取った略語です。

主にレストラン業、外食産業の世界でよく使われている言葉です。マクドナルドの創設者であるレイロック氏が発案したと言われており、飲食店を繁盛させるためには欠かせないベースのようです。

私たち美容の世界でも、クオリティ、サービス、クレンリネスという単語は聴き慣れている言葉ではないでしょうか？

・クオリティ（品質）……施術内容の種類や豊富さ、技術や知識の満足度など
・サービス（接客）……言葉遣いや立ち居振る舞いなど、お客様の表情や行動から一歩先の接客
・クレンリネス（清潔さ）……お迎えする店内を清潔に保つ衛生管理

これらの「QSC」の流れを改善し保持することで、サロンの「価値」が向上し「顧客満足」に

つながります。

ところで皆さんはアトモスファーという言葉についてもご存知でしたか。

私は恥ずかしながら、つい最近、コーチのひかる先生にご教授いただきました。アトモスファーとは「サロンの雰囲気」のことだそうです。「なんとなくあのお店に行くと寛げるな」とか、逆に「なんか気分が悪くなるんだよね」というお店があったりしませんか。エステサロンでも、このアトモスファー（雰囲気）によってお客様の満足度や、再来につながってくる1つの要素になります。

そして、この雰囲気を感じ取ることを、人は潜在的な感覚で受け取っています。

それが五感と言われるものです。

五感を大切にする

五感とは人間の感覚全体を指し、次の5種類があります。

五感で感じる雰囲気のよいエステサロンとはどんなサロンでしょうか。

視覚……素敵なインテリアや、目に優しくて美しい緑やお花が飾ったり、ベットシーツやタオルが丁寧にセットされていたり、必要なものが丁度よいところに置かれていたら、よい気分になれそうです。また リラックスできる調光なども整えておきましょう。

聴覚……エステサロンに来て、激しい音楽が流れていたらリラックスできません。副交換神経が優位に立って、リラックスできるような音楽を準備しましょう。スタッフのヒソヒソ声（スタッフはよかれと思って、静かに話しているつもりでも）も逆にお客様は気になってしまうケースもあります。サロンのベストな話し声や音量を見つけてください。

触覚……お客様の肌に直接触れる、タオルやガウンなどはいかがでしょうか。コットンや綿棒などもオーガニックのものだと肌にも優しく心地よさそうです。

味覚……サロンでのお飲み物などのこだわりはありますか？　季節のフレーバーや、温かい飲み物、冷たい飲み物もお客様によってお好みがあったり、体質に合うハーブティーなどお客様に喜んでいただけるご準備をしておきたいです。

嗅覚……外からサロンの中に入ったときに、スタッフの食事の臭いがしたりしては一瞬でお客様をがっかりさせてしまいます。非日常を楽しんでいただくためにも、質のよいオーガニックのエッセンシャルオイルを焚くなどしましょう。

（今は芳香剤などの「香害」が深刻化しています。洗剤、柔軟剤、化粧品や消臭スプレーなど、香りつき商品には合成化学物質が多く使われており健康被害も懸念されています）。

最後に一番大切なことはやはり、「お客様はサロンのスタッフの雰囲気を敏感に感じ取る」ということです。スタッフ全員が体調管理をして、朝から元気よく明るく過ごせるようにしましょう。チームワークができてなかったり、誰か1人でも、ネガティブだったり、表情が芳しくないと、心からくつろげる空間づくりはできません。

【図表12　接遇研修】

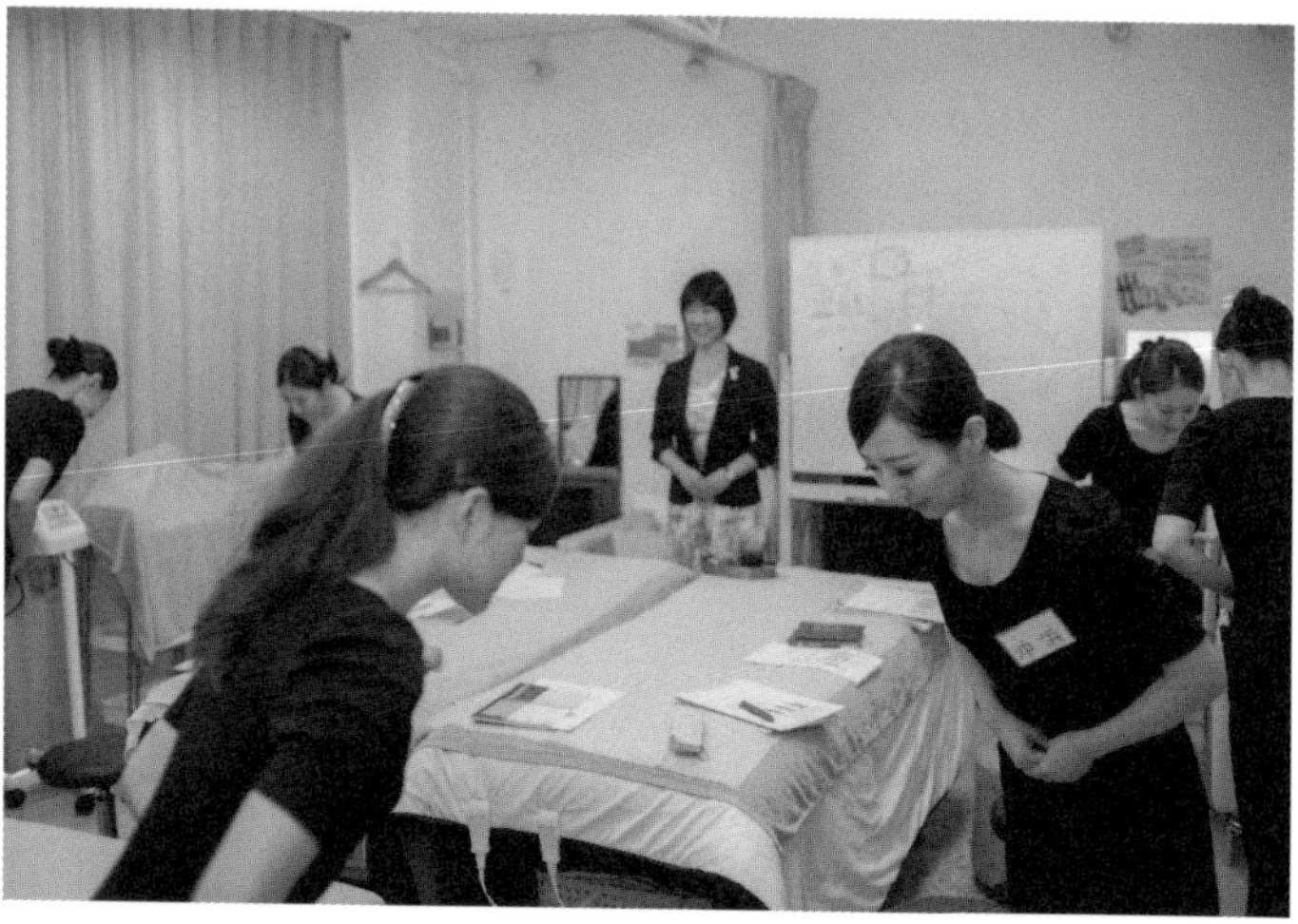

　この、アトモスファー（雰囲気づくり）、日本語でのおもてなしという文化にも通じるところがありそうです。

　弊社では新人研修時、またそれ以降でも接遇研修を行っています。厳しくも、愛情豊かなアンドスマイルの蒲ケ原裕子先生に研修をお願いしています。

　その中でおもてなしとは、「その人がいないときにも心を配る、五感と心に感動を与える性質のもので、サービスやホスピタリティを超えて相手に対する心遣いが高いものだ」ということを教えていただきました。

　お客様やチームが、そこにいなくとも、いるようにして考え、立ち振る舞ってみると、それだけで丁寧で思いやりのある行動ができそうです。みなさんもＱＳＣＡを大切にして、居心地のよいサロンづくりを行ってみてください。

第8章　女性経営者のこころの品格と女性の生き方

1　女性経営者のこころの保ち方

人間関係に煩わされない

25歳で起業をし、店舗をいくつか経営していると、思ってもないようなことを言われたり、何か魂胆があり近づいてきたりする人がいます。

例えば、「若いのに数店舗の経営をしているなんて、パパがいるんだろう」と決めつけて話をしてくる人や、「若くして経営していて悩み事とか色々あるでしょう？　相談に乗るよ！」と何か魂胆を持ち、必要以上に接点を持とうとする人。「若くて独身で女性だから騙せるだろう」とビジネスで普通ではない条件を出してくる人。その度に「私が男だったら！」とか「早く歳をとりたい！」とか「周りに盾になってくれるような人がいれば！」と悔しく思っていました。もし今、そう感じている人や、これからそんなことに遭遇することがあったとき、はっきり言って、その度に怒ったり、悲しんだり、心折れたりする必要は全くありません。

住む世界の違う人だと思ってください。もしくは同じ人間ではないと心の中で見定めればいいことです。外の世界には様々な人たちがいます。よい人たちばかりではありません。特に起業すれば、会社に雇用されて守られているわけではありませんから、自分の心は自分で守らねばなりません。

仮に色々なことで失敗しても、心が折れていなければ、やり直すことができます。逆にこころが折れてしまうと、心を取り戻すことはなかなか難しいと思います。

他人の悪意にいちいち反応しない

自分勝手で下品（人間性が）で、図々しくて悪意のある人とは縁を切りましょう。縁をどうしても切れなければ、一切心が揺れない強さを持ちましょう。間違っても自分も下品で対抗してはいけません。普通の人間はどうあがいても、下品さでその人たちに勝つことはできないからです。

自分の心と、自分を取り巻く環境は2つで1つです。心を保つときには、自分自身を強くすること、自分のまわりを整えることが大切です。下品な人は往々にして、「自分と関わると得をするよ。利になるよ」のアピールをしてきます。ですが、その人と関わって利を生まなくても、普通のよい人と関わって利を生むことだってできるのです。

どんなにこちらが心情を費やして苦しかったり、悲しかったり、悔しかったりしても、その人に届くことはありません。心が折れるだけです。時間の無駄です。それよりも本来仕事をする上で大切な顧客や社員、あなたの大切な人と一緒に幸せになることに心を向けましょう。

とは言っても、若いときや起業してまもないとき。または、下品な人に出会ったことが今までなかった人、甘い言葉に騙されやすい人は、その人が善人か悪人かの判断がつかないこともあると思います。最初は善人の顔をして近づいて、後から本性が現れることもあるかもしれません。実害があってからでは遅いので、いくつか判断のポイントをご紹介します！

しつこく近づいてくる人や女性軽視の言動や態度を取る人

↓まともに受け取らず、さらっと流しましょう

どうしても許せないこと以外は受け流すようにすると、自分が楽になります。

自分から近寄らない、適度な距離を取りつつ誘われても時間が合わないなどお断りする回数を増やしていきましょう。あなたが変えられない人に捉われて、時間や心を奪われないようにしましょう。

※ストーカーや犯罪に該当するときは別です！　警察や法律家に相談をしてください。

「悩み事の相談に乗るよ」と言ってくるケース

↓相談に乗ってもらっているうちに、話の論点がずれてきて違う話になる場合は要注意です。「最終的に悩みを解決してあげるよ」と言って、自分のビジネスと絡めた話になることもあります。

ただ本人はよかれと思って、自覚なくお世話を焼いてきているケースもあります。その場で口約束や安請け合いは絶対に×です。

仕事上の条件や契約が妥当かどうかわからないケース

↓例えば内装工事の依頼をする場合などは、必ず数社から相見積もりをとりましょう。

安かろう悪かろうではいけませんが、普通ではないふっかけた見積もりを出してくるケースもあ

ります。また、契約書に関しても簡単に署名、捺印は×です。

間違いのないように、税理士や弁護士に見てもらいたいので、一旦持ち帰りたいと話しましょう。ここで経営者は「即断即決が大事だ！」と言ってくる場合は特に注意してください。

最終的に責任を取るのは経営者です。即断即決する自信や確証のないときには、「結論を出すために精査したいので、○○日お時間ください」など、いつまでに回答するのかを相手に伝えるようにしましょう。

これらは全部過去に私が経験したことの一部です（笑）。起業すると、色々な悩みや辛いこと苦しいこと、わからないことなどがあります。そんなときに助け舟を出してくれそうな人がいると、「ありがたい！」と思って話を聞いてしまったり、「早く返事をしないといけない！」と焦ってしまったりして判断を誤るものです。同じ業界の経営者仲間がいたり、尊敬できる先輩経営者が身近にいれば情報交換をしたり、相談することもできます。ですが、そうでなければ詐欺にあったり騙されることもあるので注意です。

最終的にはすべて経営者の責任です。「知らなかった」では済まされません。

知らなかったことを言い訳にしない

「知らなかったは知ろうとしなかった」とも言えます。必ず調べる癖、用心する癖、知ろうとすることを習慣にしてみてください。

また知ろうとしていくと、よいこともたくさん見えてきます。当たり前だと思っていた取引先の仕事ぶりが実は当たり前ではなく、「ものすごく努力してくれていたんだ！」や本気で心配して相談に乗ってくれる人、ときには厳しいことを言うけれど想ってくれている人などのことがわかってきます。自然と感謝の気持ちでいっぱいになりますし、私も誠実に応えたいと思います。そうやって、信用信頼が生まれていくと幸せです。

品格のすすめ

数日前、誹謗中傷で1人の女性が命を落とされることとなりました。

昨今のインターネット上での誹謗中傷は大きな問題となり、被害は年々拡大傾向にあるそうです。言われなき誹謗中傷に苦しむ被害者が生まれる一方で、匿名だからと軽い気持ちでインターネット上で人権侵害を行う加害者になってしまう人が多くいるのです。

また、脳の構造上、感情を司る脳は主語を認識できないと言われています。そのため、人の悪口を言うと、脳の中では自分が悪口を言われたときと同じ状態になり、より一層、攻撃的になったり自己嫌悪に陥ったりと不幸になっていきます。

子どもの頃、口の悪いことを言ったり、乱暴なことをしたりすれば、母から「お天道様が見ているよ」と言われていました（悪事を働くと他の人は見ていなくても、天道様は見ているのだから、どんなときでも悪事を働いてはダメ）。子どもながらに、目には見えないおてんとうさまを畏れていました。

また、日本昔話や世界の童話などでも、正直者で心優しい人間は報われ幸せになり、悪事を働いたり、人を貶めたりする人間にはバチが当たるお話が多かったと記憶しています。振り返ってみると、道徳の部分では幼いときに、日常の中で家族や童話などから自然と学んで形成されることが多かったように思います。

誹謗中傷に関しても今後、情報開示請求が行われ、損害賠償や刑事事件としても取締りが厳しくなることだと思います（なってほしいです）。ですが、まずは人としてやってはいけないこと、許されないことだということを、家庭、学校、社会で共有し、教えることで、謂れなき誹謗中傷で傷つく人が生まれないことを願います。また、どうであっても心ない人がいることも事実です。

経営者として心ないことにぶつかったときには、自分の心を整える力もつけておきたいものですし、いつの間にか、今回自粛警察と呼ばれた「自分は絶対正しい！」と正義を振りかざすような立場になってはいないか。時折立ち止まって振り返れる人でいたいと思います。

2　自分で人生をデザインできる

自分で人生を選択する

今でこそ経営も安定し、以前のように資金繰りに悩むこともなくなりました。お金さえあれば幸せではないけれど、お金があるとおおよそのやりたいこと、行きたいとこ、買いたいものが叶います。そして、大切なものを守ることができるし、選択肢が広がります。

うちは夫婦で365日外食ですが、素材がよくて化学調味料が使われていない美味しいご飯を食べるようにしています。身体によい素材のものを食べようと思えば、その分お金がかかります。けれど、経営者は身体が資本になります。食べるもので身体がつくられます。身体が毎日健やかだと仕事もうまくいくものです。結果、食事にお金はかかっても、よりよい成果として返ってくるのです。

毎日が選択の連続

主人は私と出会うまで、毎日の主食がコンビニ食でした。主食が菓子パンやチョコレート。コンビニのカレーやハンバーグが大好きです。その結果、顔は吹き出物が慢性的に出ていて、「1つが治れば、別のところに吹き出物ができる」の繰り返しでした。

そして、いつも疲れていました。食べることにあまり興味もないようで、「さくっと食事をして仕事に集中したい」というスタンスでした。これはいつか身体を壊すと思い、甘いものを食べていたら奪ってでも捨てるようにしていました。食に興味を持ってもらいたかったので、食事をする場所も色々な美味しいところに連れていって、「食事は楽しい」「美味しい」「雰囲気も楽しむところ」「身体にもよい」「いいお店を知っている大人はかっこいい」を毎日刷り込みました。

1年くらい経つと吹き出物もなくなり、ぐっすり熟睡できるように変化し、身体も健やかになったようです。その後、よりよい仕事の成果、結果となったのは言うまでもありません。

女性の生きる選択肢と経済の関係性

今は女性の生きる選択肢が非常に恵まれていると思います。

「結婚をしてもしなくてもよい」「結婚はいつしてもよい、早くても遅くても」「子どもも産んでも産まなくてもよい」「好きな仕事に就いてよい」。

少し前までは、結婚したら家庭に入りよい妻、よい母となり家庭を守ることがスタンダードでした。ですが、今は選択肢が増えた分、選択したことに責任を持たなければいけません。決断した後も、「他の選択肢もあったのでは？」と後悔することも増えているようです。少なからず、選択したことを後悔したり、時が経てば違う方向に進みたくなったりすることもあると思います。

そのときに私が大切だと思うポイントは経済的な余裕です。例えば、大好きな人と結婚することを選択して専業主婦になったとします。でも時が経ち、夫婦関係が冷え込んできたときに選択したことを後悔する日が来るかもしれません。

このときに経済的自立、精神的自立をしているかどうかで、今後の人生の選択肢が増えるのです。自身の経済的余裕があれば、離婚をしたとしても不安は最小限で済みます。経済力がなければ、「離婚をして生活できるだろうか」と不安が募り、決断できないかもしれません。

心身ともに健やかであるためにも、物心両面で自立して豊かでいましょう。

人生は選択の連続です。

今日何を食べるのか、着ていく服はどれにするのか、移動は電車かタクシーか、学びたいのか学ばないのか、結婚するかしないか、子どもを産むか産まないか、両親の介護はどうするか。すべて選択をするときに、経済的に余裕があれば、どんな選択肢も選ぶことができます。逆に経済的余裕がなければ、お金に合わせた選択しかできないのです。私も起業をして、会社の資金繰りに追われ失敗ばかりしてきたので、よくわかります。お金が回らないうちは、正しい判断、決断ができません。また逆のことも言えます。正しい考え方、判断ができないので、お金がついてこないということでもあります。

類は友を呼ぶといいます。自分が正しい考え行いができないうちは、詐欺にあったりトラブルが起きたりします。よい人間関係を築きたいのであれば、自分がよい人間にならねばなりません。正しい考え方、判断、人間力と並行して、経済的な自立ができていると自分にふさわしい相手と出会うことができます。

幸せになる考え方と働き方

弊社の「ビジョン～スタッフの未来～」には、次の1文があります。

「物心両面で豊かに幸せになる」。

まさしく精神的にも経済的にも自立をして豊かになってほしいという想いからです。そして私が

「社員にそう思う」という一方的なものではなく、「自立して活躍したい」と思う女性を応援できる環境を社員一丸となって、一緒につくりあげられる会社でありたいのです。

余談ですが、いきつけのお店で、旦那デスノートというサイトの存在を教えてもらいました。覗いてみると、奥さんから旦那さんへの罵詈雑言に恨み言が書かれています。夫婦関係に溝ができている家庭が、こんなにも多いことにびっくりしました。そして離婚しないのは、ローンや生命保険、養育費などのお金の問題があるので、離婚できないと綴られていることがほとんどです。

弊社の社員には幸せになる考え方のもと、自立をし、そしていつでも自分で選択できる人生を送って幸せになってほしいと改めて思いました。

一生にかかるお金のこと

みなさんは一生にかかるお金のことをご存知ですか？

その金額は1世帯あたり、３億円とも言われています。女性が1人で生きていくとすると、1億５０００万円ほど必要とも言われています。また今後、年金は確実ではありませんし、国民皆保険制度もずっと続くとは限りません。そう考えると、実際にはもっと多くのお金、資産を持っていたいはずです。

結婚をして、子どもを持てば成人するまでの教育費や養育費、1人世帯であっても住宅費や両親の介護、自身の老後などお金と人生はワンセットです。ですが、私がこれらのことを考えるようになったのは、つい数年前のことです。また、私の会社でもこの一生にかかるお金のことについて社員に教えていますが、「私知っています！」というスタッフはなかなかいません。みんな人並みに働いていれば、「一生生活できる」と思っているのです。お金のことは学校ではなかなか教えてもらえないからです。

実際にお金について研修をしていくと、「生きるってそんなにお金がいるんだ」とみんなびっくりします。じゃあ、「やっぱり高収入な人と結婚するしかない！」など、みんなで冗談とも本気ともつかない話をしていますが、現在日本で年収１０００万円以上の割合は男女合わせて、５パーセントです。

ではそこから独身、仮に30代に絞ると、ほとんどいません。ましてや出会って愛し合って結婚することは、なかなかの難関ということが想像できると思います。そして結婚したとしても、一生添い遂げるかはまた別の話なのです。

自分の人生や大切なものは自分で守る

こう覚悟を持って生きたほうが、人生が確かで豊かになると思うのです。その中で愛する人と出会って共に生きることも素敵だし、結婚を選ばずに自分の思うように生きていくことも素敵なことです。共働きでもいいし、専業主婦でもいいです。子どもを持ってもいいし、持たなくてもいいです。起業してもいいし、しなくてもいいでしょう。

けれど、いつ何が起こるのかはわかりません。離婚もあるし、病気もあります。身近な人の死を経験することも。働きたくても、もう2度と働けないかもしれないし、働きたくなくても一生働かないといけなくなるかもしれない。天災が起きたり、予測のつかないこともあるかもしれないのです。

変化に対応できる人になろう

何か不測の事態が起こったときには、変化に対応できる人になれていたら最強です。だからこそ、仕事を通じてもたらされる色々な経験やスキル、考え方や視野、判断や決断はやっておいて、今後の人生に損はないと思うのです。その素晴らしい経験が身につくまで、覚悟を持って本気で仕事に取り組むことをおすすめします。

3　これからの女性の働き方

女性の年収

女性の平均年収をご存知ですか？
現在の女性の平均年収は２９３万円（月収24万円賞与41万円）です。
年代別に見ると、20代で２８８万円。30代で３１５万円です。

女性の収入の不安定さ

女性に比べ、男性の平均年収は548万円となっており、女性の年収の約1・8倍あります。

男性は女性に比べ、結婚や出産などのライフステージの変化に左右されることがないため、年齢と共に年収も上がっていく傾向にあります。

また職種別に女性の年収の高い仕事を見ていくと、1位は投資銀行業務（平均年収693万円）ついで国家資格などの専門職（弁護士や会計士など）や経営コンサルタントや監査法人専門職などが続きます（平均年収500万円）。

そして年収が1000万円以上の割合は、女性は1・2パーセント。女性で2000万円以上の年収の人は統計上はほとんどいません。

経済的自立を目指す女性と職業

私たちエステの仕事の平均年収は350万円ほどと言われており、女性の職種の中では平均的な年収と言えそうです。ですが弊社では、「女性の自立と活躍を応援し、物心両面で豊かになろう！」とビジョンを掲げているのですから、当然350万円の年収のさらに上を目指せる仕組みづくりをしています。

エステの仕事はお客様の身体をお預けいただく重要な仕事です。

人がほぼ裸の状態で身体を預けてくれるのは、医療の場かエステサロンくらいではないでしょうか。エステでは「綺麗になりたい！」を叶えることはもちろん、日々の身体の疲れを癒し、未病を治す（身体全体を最適化する）ことに大いに貢献できる職業だと自負しています。

そのためにもエステティシャンは日々、技術と知識の向上、お客様の心への寄り添い、接客接遇、お客様がエステに来ていない日々のアフターフォローまで、毎日忙しく、またやりがいを持って働いています。日本ではエステは国家資格ではありませんが、フランスではエステティシャンはれっきとした専門職業の１つであり、国家資格として認められています。

「私たちは看護師ではないけれど、同じくらいの責務と誇りを持って、一流のエステティシャンを目指そう！」と社員たちと話しています。また一般社員の平均年収も４８０万円を目指しています。

これは昨今の看護師の平均年収にあたります。女性が結婚していても、１人暮らしであっても、自立して物心共に豊かに生きることができるガイドラインだと思うからです。

女性が自立して活躍できる会社づくり

一方で社員の給与を増やすためには、社長は数字としっかり向き合わなければいけません。売上が上がる仕組み。利益が出る仕組みをつくり、会社にもお金が残り、社長の役員報酬も上がり、社員の給与が上がることがベストです。以前、会社が死に体であったとき、お金がなかったので、社員の給与は消費者金融で借りて払っていたときもありました。当然、自身の給与はなしです。

社員の平均給与480万円など夢のまた夢の話です。思い出すだけで、当時の状況には二度と戻りたくありません（笑）。

起業をする皆さんは夢や目標を持って起業すると思います。ですが、私のように会社の業績が傾いて苦しい時期を過ごすケースもあるのです。その覚悟も持ち合わせていないといけないと思いますが、まず起業をするときにどんな状態になったら自分は幸せなのか、自身の人生設計も考えておくことをおすすめします。

その事業をいつまで続けるのか。1人で経営したいのか。社員や仲間とみんなで創り上げたいのか。社員を抱えれば、社員の幸せも願うはずです。そのときに自分はたくさん給与をもらって、社員は安月給でいいだろうと考える社長はいないと思います。たくさんお給料をもらってほしいと考えるはずです。ですが、現実を見たときに、「売上も利益もない。借金はある」では、社員を幸せにすることも叶いません。

何のために起業するのか

どんな人生を送りたいのか。起業によって何をしたいのかによって、目指す目標も変わります。起業をすることは、自分の人生の中でどんな位置づけになるのかを考えてみてください。

私は起業をしたときは、とにかくお見合いから逃れることが目的でした。そのこと以外は考えないまま、流れに身を任せてきたところもあります。そして様々な試練があり、最終的に女性が自立して活躍し、物心共に豊かに生きることができる会社をつくりたいと思いました。

ですが、最初からどんな人生が自分にとって理想なのか、「理想の会社とは？」を考えることができていたら、さらに日々の過ごし方、仕事の仕方がよりよいものに変わっていたと思います。

もちろん起業をしてからでも考えることはできますが、まずは起業前に自分の理想の人生、理想の会社を考えることによって、ブレずに起業、経営が行えると思います。

働き方改革とは

働き方改革という言葉をよく耳にするようになって、1、2年ほどでしょうか。少子高齢化が進む中でも、50年後も人口1億人を維持し職場、家庭、地域で誰しも活躍可能な社会＝1億総活躍社会を実現するための改革として、大手企業だけではなく中小企業にとっても、重要な経営課題となってきています。

労働力不足を解消し、1億総活躍社会をつくるためには、

・働き手を増やす（労働市場に参加してない女性や高齢者）
・出生率の上昇
・労働生産性の向上

に取り組むということが働き方改革の概要です。中小企業でも長時間労働の是非、有給休暇取得の推進、ノー残業デーの導入などの施策に取り組む会社が多いと思います。

がっています。

その一方で、働く時間は少なくなるけど、仕事の量は変わらないことでの負担や、残業代を見越して働いてきた労働者にとっては給与が減り、副業でアルバイトをしないと生活できない声も上がっています。

会社の成長と社員の幸せも考える

弊社でも働き方改革について、役職者たちと話し合う機会を多く持ちました。働く人と会社がそれぞれ、経済的余裕、時間的余裕、心と体の余裕を得ながらも働く環境を整え、労働生産性を上げていくにはどうすればいいのかの話し合いです。

まずは不要な業務の見直しを行い、不必要なことを削減しました。また、「今まで1時間掛かっていた業務を30分で行うには？」などの見直しも行うようにしました。その中で社員たちから、「働き方改革って名前がなんだか微妙ですよね？ もっとよい名前にしましょうよ！」と意見が出ました。

そこで決定した名前が、「ライフバリュープロジェクト＝価値ある人生を送るための取組み」です。「なんだかバリューってスーパーみたいだね！（福岡にはバリューというスーパーがあります）」などと笑いながら、みんなで決めました。みんなで決めることの意味は、社員が当事者意識を持ち、何のために働き方改革を行うのかを理解して、主体的に取り組んでもらう必要があるからです。

考えることもなく、会社からトップダウンで、「残業禁止！ 有給絶対取りなさい！ 働きやすい働き方でいいよ。でも業績は落とさないでね！」と指示されると、必ずひずみが出ます。本当の意味で、お金、時間、心の幸せは得られないからです。

現在、日本の企業のうち、99・7パーセントが中小企業です。また中小企業で黒字経営をしているのは約3割。残りの7割は赤字経営ということになります。赤字経営が続けば、存続自体が難しくなり淘汰されてしまいます。利益をあげて企業が生き残っていくことは、容易ではないことがわかると思います。

そのような中で、弊社のように女性が20数名ほどの小さな組織では、社員1人ひとりの力を発揮してもらうことが企業の発展にダイレクトに影響します。会社というものが時間とお金を交換する場所ではなく、会社と社員がともに成長しながらお金、時間、こころとからだの健康を得られる場所にしていくことができると全員が幸せです。

そのため、社員1人ひとりが、考え方、判断力、あり方などを学んでいくことも非常に重要だと私は考えています。社内だけではなく、接遇研修、コーチからの心のあり方の学び、アチーブメントの研修、船井総合研究所からの支援など人が育つ会社づくりを行っています。

仕事の最大の報酬とは

「楽をして、収入を得たい」と思う働き手であれば、会社のためにもなりませんし、働く人の幸せにもなりません。コーチから教えていただいたことの1つに、「仕事の最大の報酬は、人間としての成長」という言葉があります。仕事を通じて成果や人間関係など色々な困難を乗り越えて、人として成長し自己を確立していくことができると言われています。

また、先日もコーチから、「正しいことだけをして生きていく！」と決めることを教わりました。この言葉に社員も感銘を受けたようで、「社員として正しいことをして生きていくと決めました！」とすぐに表明してくれた社員もいました。

仕事とは何か、人生の目的とは大切にしているものは何か。こんなことを20代のときには考えたことも教えてもらったこともありませんでした。もっと早く知っていたら、「もしかしたら遠回りしなかったかな？」と思うこともありますし、遠回りしたからこそ、今の自分があるとも思います。

働くことの意味や価値が1人ひとり確立されてくると、働き方改革1つ取っても、受け取り方も取組み方も違ってきます。本当の意味での働き方改革はまだ始まったばかりですが、社員には仕事を通じ、一生懸命壁を乗り越えた先にある自己の確立（自己実現）を成し遂げてほしいです。

その自己実現に向かう努力ができる会社づくりをしていくことが、今の私の最大のミッションだと思い、まだまだ模索しながらも取り組んでいます。

お客様に喜んでもらい必要とされる会社、社員が成長し物心ともに豊かになる組織、縁のある人を幸せにできる会社の実現のためにも、私自身も経営者としての考え方、判断、能力を学び、磨き、実行し、経営者としても1人の人間としても成長し、幸せになる経営を目指していきます。

おわりに

フォーブスウーマンアワード２０１９
最も輝く女性、最も女性が活躍する会社
～日本最大級の女性アワード～３００人未満の企業部門にて、ディアヒロインは準グランプリを受賞することができました。

働き方改革が注目される中、複利厚生の充実や条件面で、女性が「ただ働きやすい」というだけではなく、女性が自立して活躍できることに重きを置き、役職者たちとミーティングを重ね、ライフバリュープロジェクト＝人生の価値を高める取組みとして、社員みんなで数か月に渡り取り組んできたことが評価され、このような名誉ある賞をいただくことができました。

アワードで受賞したみなさんが一貫して言われていたことは、自分がコミットメントしたことに対して必ず守る＝自分との約束ということです。

まだまだ小さな女性だけの会社ですが、女性の自立と活躍ができる企業として邁進していきたいと思います。そして、このアワードのきっかけをつくってくれた友人であり、尊敬できる経営者仲間であるアンジェラックスプランニング代表の大杉みどりさん、いつもありがとう。そしてみどりちゃんとの出会いをくれたエスグラにも感謝しています。

今回、セルバ出版さんから本を出しませんかとお声をかけていただき、「私の本なんて読みたい人がいるものだろうか」と戸惑う気持ちもありましたが、17年を振り返り、「とにかく無謀！　そして無知！　しかも行き当たりばったり！」の起業人生を、同じような誰かに読んでもらえることでお役に立てることがあればいいなと書かせていただくことにしました。

文章力もなく上手には書けませんでしたが、すべて自分で書き上げました。

拙い文章を最後まで読んでくださったみなさん、本当にありがとうございます。

文章を書きながら、「消費者金融はやめといたほうがよかったんじゃない？」とか「もうちょっとよく考えて、計画性を持ってやればいいのに」とか、「あーあ。その契約はしたらダメ。絶対」など、自分につっこみどころ満載の17年間でした。

失敗ばかりの起業でも逃げずに続けてきた訳は、今でこそわかるのですが、私は自分で自分の人生をなんとか切り拓いて、よりよいものにしたかったということと、同じ目的を持った人（仲間、社員、家族）との繋がりや一緒に成果を出すプロセス、そのみんなが喜んでいることに、特に充足感を感じる人間だったことが大きいと思います。

よいビジョンを持ち、実現のために小さなことを1つずつしっかりと行っていくことで、無知で無謀な私でも経営し続けることができました。

また自分の力量は充分わかっているので、注意やアドバイスをもらったら、自分の感情は抜きにして、一度素直に聞いて考えてみることを習慣にしています（そのときのイメージは胸のあたりにテーブルがあって、そこに一度乗せてみる感じです（笑）。

そして褒められたときは、嬉しい気持ちを一旦横に置いて、本当に賞賛に値する言動行動であったかを意識することにしています。「褒められたけど、やっぱりよくなかったな」と自分で思うことは最善だと思うことに修正するようにしています。些細なことや小さなこと、感謝を大切にして1つずつ少しずつ成果が出て、成果を継続できるようになりました。

そうしていると、よいご縁、出会いにも恵まれるようになりました。応援してくれる人も増えました。そんな方たちとの出会いによって今があります。

本書を読んでくださった方、これから起業をする方にとっても、本書がよい出会いになっていただけると幸いです。

最後に、いつも共に走ってくれる社員と、応援してくれる主人、家族、縁ある方々に感謝をこめて。

柳田　依璃

著者略歴

柳田　依璃（やなぎだ　えり）

ディア・ヒロイン株式会社　代表取締役。
1979年福岡県生まれ。2004年に脱毛サロンとして創業。知識もお金もコネもない中、様々な困難に直面するも、現在では福岡県内に4店舗のエステサロンとヒルトン福岡シーホークホテル内でスパを運営。九州沖縄顧客満足度1位受賞。世界45か国が競うKBDWコンテストにて最優秀グランプリ受賞。競合サロンが150店舗を超える中でも自社のサービスを明確にして、1店舗800万円を超える地域一番店レベルのサロンへと成長。ビューティーワールドジャパンや船井総合研究所で講師経験やエステティックグランプリで理事を務める。

～最も輝く女性、最も女性が活躍する会社～
日本最大規模の女性アワード
2019フォーブスウーマンアワード準グランプリを受賞（300人以下の企業部門にて）
女性の自立と活躍ができる環境づくりに邁進し、女性のキャリアを応援している。

知識なし金なしコネなしで夢を叶える魔法の行動術

2020年8月19日 初版発行　2023年9月6日 第3刷発行

著　者　柳田　依璃　© Eri Yanagida
発行人　森　　忠順
発行所　株式会社 セルバ出版
〒113-0034
東京都文京区湯島1丁目12番6号 高関ビル5B
☎03（5812）1178　FAX 03（5812）1188
https://seluba.co.jp/
発　売　株式会社 三省堂書店／創英社
〒101-0051
東京都千代田区神田神保町1丁目1番地
☎03（3291）2295　FAX 03（3292）7687

印刷・製本　株式会社丸井工文社

Printed in JAPAN
ISBN978-4-86367-597-1